es 1899

edition suhrkamp

Neue Folge Band 899

Juan Goytisolo verbrachte einige Zeit in dem von serbischen Truppen eingeschlossenen Sarajewo und berichtet in neun Folgen – die in zahlreichen Zeitungen veröffentlicht wurden – vom täglichen Terror und der Verzweiflung der Bewohner, die sich vom restlichen Europa und den Vereinten Nationen im Stich gelassen fühlen. Goytisolo leiht den Opfern seine Stimme und versucht eine Annäherung an das Unbeschreibbare. Seine *Notizen aus Sarajewo* sind ein Aufruf an die Welt, sich ihrer Verantwortung bewußt zu werden, sie sind »ein Akt persönlicher Zeugenschaft angesichts eines kollektiven Verbrechens in der Mitte Europas«, so die *Frankfurter Rundschau*, die diese Artikel publizierte.

Juan Goytisolo wurde 1931 in Barcelona geboren. Er lebt heute in Paris und Marrakesch. 1993 erhielt er den Nelly-Sachs-Preis. Zuletzt erschienen von ihm im Suhrkamp Verlag: *Rückforderung des Conde Don Julian* (1976), *Identitätszeichen* (1978), *Johann ohne Land* (1981), *Spanien und die Spanier* (1982), *Dissidenten* (1984, es 1224), *Landschaften nach der Schlacht* (1990), *Quarantäne* (1993, es 1874).

Juan Goytisolo
Notizen aus Sarajewo

Mit zahlreichen Abbildungen

Aus dem Spanischen von
Maralde Meyer-Minnemann

Suhrkamp

edition suhrkamp 1899
Neue Folge Band 899
Erste Auflage 1993

Deutsche Erstausgabe

Satz: Otto Gutfreund, Darmstadt
Druck: Nomos Verlagsgesellschaft, Baden-Baden
Umschlagentwurf: Willy Fleckhaus
Printed in Germany

1 2 3 4 5 6 – 98 97 96 95 94 93

Inhalt

Die Kürze des Weges
kann das unendliche Ausmaß
des Unrechts nicht schmälern.

Antonio Machado (1875-1939)

I.

Scharfschützen

Welcome
VILLA

hell!

Auf dem Weg zum Flughafen von Roissy über die Porte de la Chapelle bedrängen mich die längs des Boulevards aufgereihten Plakate: das gebräunte, männliche Gesicht eines Schauspielers (Tom Berenger?), darüber in Großbuchstaben: »SNIPER. Scharfschütze.«

Die Verherrlichung des Helden verfolgt mich rechts und links des Weges auf Litfaßsäulen und Plakatwänden wie eine eigens an mich gerichtete Botschaft. Ist sie ein Omen, ein Zeichen, eine sibyllinische Warnung oder einfach nur das Wissen eines Auguren oder Gottes vom Ausgang einer Reise, deren einzige, auf meinem Ticket ausgewiesene Etappen Rom und Split sind? Wer weiß?

Das Taxi erreicht die Autobahn nach Norden, unterquert den ersten Ring der Stadtautobahn und läßt Paris bereits hinter sich, das letzte Bild von Paris: das unerbittliche, strenge Gesicht des Scharfschützen, des glorreichen, sublimierten Vorbilds derjenigen, die in Sarajewo wirklich schießen.

Nach etwas mehr als zwei Stunden bin ich in Fiumicino und warte am Ende des Terminals auf den Abflug der Croatia Airlines. In der Nähe des leeren Counters sitzt eine verschlossen wirkende Gruppe von Reisenden in auffälliger Kleidung und zieht sofort meine Aufmerksamkeit auf sich.

In der Presse stand vor kurzem, daß ein italienischer Reiseveranstalter Kunden, denen es nach starken Emotionen gelüstet, eine Rundfahrt fern der ausgetretenen Pfade anbietet, in jenen Teil der Welt, der gerade erst vom Krieg verwüstet wurde. Dort würden sie den bitteren Pulvergeruch einatmen, die zerstörten Dörfer mit ihren von den Bewohnern verlassenen Geisterhäusern bereisen und wegen des Gestanks von weitem – außer denjenigen, die sich vorsorglich eine Maske besorgt haben – verwesende Körper, kaum von Erde bedeckte Massengräber, riesige Leichenberge betrachten können.

Sollte das Angebot, das anfangs auf Afrika und Asien ausgerichtet war, sich etwa inzwischen auf einen weiteren Bereich erstrecken und die Reisekosten gesenkt haben, seit der bewaffnete Kampf und Gefechte zwischen verschiedenen Volksgruppen nicht mehr eine Spezialität der Dritten Welt sind und nun in Europa Fuß gefaßt haben?

Werden die zu dieser einzigartigen Rundfahrt aufbrechenden Reisenden eine Flugstunde von Rom entfernt an der Küste Dalmatiens landen und mit ihren seltsamen Reiseführern Kontakt aufnehmen?

Vielleicht fahren ja diese mit Hut, Fernglas, Fotoapparat, Videokamera, Rucksack und kurzen Hosen wie Abenteurer ausgerüsteten Touristen nach Bosnien, auf der Suche nach einem saftigen Menü, einer Riesenauswahl authentischer Horrorszenen, die in der Lage sind, die Neigungen und Wünsche der Anspruchsvollsten und Wählerischsten zu befriedigen.

Hat die Gruppe, die mit mir zusammen das Flugzeug nach Split besteigt, vor, die Leiche des buckligen Adem zu betrachten, dessen Wirbelsäule auf wundersame Art gerade wurde, nachdem er neben dem Eingang zu seinem Haus gepfählt wurde? Die Köpfe von Ibro, dem Zigeuner, seiner Frau und seines Sohnes, die »wie zu Zeiten der Türken«, wie die Männer von Karadžić sagten, auf die Staketen des Gartenzaunes gespießt wurden, weil ihr Verbrechen allein darin bestanden hatte, daß sie nicht aus dem Haus geflohen waren?

Wollen sie die Asche des verschwundenen moslemischen Dorfes Grapka ansehen, in dem alle Einwohner verbrannten, nachdem sie zu Ehren des reinigenden Gottes und unbesiegten heiligen Sava in einem atavistischen Ritual verstümmelt, vergewaltigt und abgeschlachtet wurden? Wollen sie vor dem Hotel Pasavina in Brčko die Spuren des großen Bacchanals aus Wein und Blut beschnuppern, bei dem die Söhne des »himmlischen Vaterlandes« innerhalb von drei Tagen und vier Nächten die »türkische« Bevölkerung auslöschten und deren in Kühlschränken transportierte Leichen in den Fluß Save warfen?

Wollen sie sich durch ihre Ferngläser diese ungewöhnliche Frau aus Modrica genauer ansehen, die, im Turm eines Panzers sitzend, mit ihren Hexenfingern auf die Häuser ihrer Nachbarn und Freunde weist, damit diese ein Mörser der Gerechtigkeit Sekunden später zerstört?

Wollen sie die Spuren des unfaßbaren Endes von sechs Schülerinnen des Instituts für behinderte Mädchen in Višegrad verfolgen, die exekutiert und von einer Brücke in die Drina geworfen wurden, während andere kriegerische Milizionäre der »Weißen Adler« die übrigen Mädchen in ein Minenfeld jagten, um an ihnen ihre bereits erwiesene Treffsicherheit zu üben?

Wollen sie in Prejidor die an Dehydrierung gestorbenen Frauen und Kinder fotografieren, die wie die Juden in Treblinka in den Eisenbahnwaggons aufgeschichtet lagen, in denen sie nach einer gründlichen Reinigungsaktion deportiert wurden? Die in Brand gesetzten Häuser, die verkohlten Körper, die Moscheen von Vitez, Ahnici oder Donja Vecemiska, die von den Streitkräften des kroatischen Verteidigungsrates (HVO) zerstört wurden, die ihren Tschetnik-Rivalen um nichts nachstanden. Oder jene Jasmin, mit der Maite Rico sprach und der die wackeren Protagonisten der neuen Heldengesänge mit einem Messer ein Kreuz in den Arm schnitten, so wie sie es mit Hunderten anderen Gefangenen getan hatten, deren Fleisch für ewig mit den vier »C« – dem »S« des kyrillischen Alphabets – gezeichnet wurde, dem Akrynom des Wahlspruchs »Samo Sloga Srbina Spasava«, das heißt: »Allein die Einheit kann die Serben retten«, dem Lieblingsspruch des Träumers und Poeten Karadžić und seiner tapferen Krieger?

Oder wollen sie sich die vor der Fernsehkamera schluchzende Frau ansehen, die von ihren Mitbewohnern im Haus im sogenannten »nationalen« Sektor von Sarajewo mehrfach vergewaltigt wurde und der ein Sohn dieser Patrioten, während man sie schändete, ins Gesicht urinierte, weil ihr Mann das unerklärliche Verbrechen begangen hatte, vor dem gesegneten Kampf zu desertieren und mit den »Islamischen Fundamentalisten« zusammenzuarbeiten?

Oder wollen sie womöglich Szenen jener Tragödie der islamischen Frau eines Tschetniks rekonstruieren, von der Susan Sontag berichtete: Ihr Sohn wurde kaltlächelnd ermordet, als sie sich entschieden weigerte, ihn an die Front gehen zu lassen, und auch er sich

wehrte. Einige Stunden später stürmte der zornige Ehemann, ganz dem Vorbild, das die »pesmes«, die serbischen Heldengesänge, feiern, ins Haus und richtete, ohne den leblosen Körper seines Sohnes auch nur mit einem barmherzigen Blick zu würdigen, die Frau hin – eine Beleidigung in der Öffentlichkeit verlangt eine öffentliche Rache –: seine Frau, deren Schuld darin bestand, den Sohn daran gehindert zu haben, seine Pflicht zu erfüllen, wodurch sie ihn zu einem verachtenswerten, zahmen Serben gemacht hatte.

Glücklicherweise erweisen sich meine düsteren Vorstellungen als unrichtig, denn als wir in Split landen, stelle ich fest, daß die Gruppe sich offenbar aus Liebhabern der Naturschönheiten der Inseln Brač, Hvar oder Korčula zusammensetzt, die sich nur ein paar Wochen erholen, in der Sonne braten und den kühlen Wein und den köstlichen Fisch genießen und vielleicht eine Wallfahrt auf jenen kahlen Berggipfel von Herzegowina machen wollen, auf dem die Heilige Jungfrau regelmäßig ihren Gläubigen erscheint und alle möglichen Plagen und Mißgeschicke ankündigt, die sich vor der baldigen Apokalypse und dem endgültigen Sieg des Himmels ereignen werden.

Sei es, wie es wolle, ganz sicher ist, daß Touristen, wenn auch in geringer Zahl, erneut an die dalmatinische Küste reisen und das günstige Angebot der Großanbieter wahrnehmen, seit die Pensionen und Hotels, die vorübergehend mit den Flüchtlingen der ethnischen Säuberung belegt waren, sich nach und nach wieder leeren.

Können sie, wenn sie am Strand oder am Rand des

Swimming-pools der Drei- oder Vier-Sterne-Hotels liegen, einfach ausblenden, was 100 Kilometer weit entfernt geschieht? Denken sie nicht zumindest flüchtig an die Vertreibung von Tausenden von Menschen, die umherirren, von ehemaligen Mitbürgern bombardiert werden und denen grausam jede Art von Ausweg oder Zuflucht versagt wird? Ist ihre saurierhafte, reptilienähnliche Gleichgültigkeit nicht die gleiche, die 1939 an den Stränden Algeriens den erschöpften, hungrigen, hinter dem Stacheldraht zusammengepferchten Anhängern der Spanischen Republik entgegengebracht wurde? Wußten jene Franzosen, die den Besiegten einen Krug Wasser verweigerten und angewidert von den »Roten« sprachen, daß der auf der Iberischen Halbinsel siegreiche Faschismus sich ein Jahr später ihres eigenen Landes bemächtigen würde und sie so die Folgen einer Politik des Nichteingreifens, der zynischen Untätigkeit angesichts der unterjochten Republik bezahlen würden?

Im Hotel in Split, in das mich meine Freunde Alfonso Armada und Gervasio Sánchez bringen – sie haben sich bereits an die blutigen Ereignisse und die surrealistischen Begebenheiten gewöhnt, die heute in der aufgelösten Jugoslawischen Föderation an der Tagesordnung sind –, lese ich die für die Berichterstatter der europäischen und nordamerikanischen Presse bestimmten Angebote: *Selbstschutz in Bosnien. Mieten Sie Ihre Sicherheit.*

Ein deutsches Unternehmen, das auf gepanzerte Fahrzeuge spezialisiert ist, hat ein breitgefächertes Angebot, das von einem prächtigen Mercedes Benz 500 und einem Opel Senator bis zu einem bescheidenen Volkswagen reicht! Leider liegt diesem Werbeprospekt keine Preisliste bei.

Wegen der Verspätung des Fluges aus Rom kann ich nicht mit meinen Freunden reisen. Ich muß bis zum nächsten Tag warten, um meinen Presseausweis im Büro der UN-Schutztruppen (Unprofor) ausstellen zu lassen, und dann eine französische Militärfrachtmaschine nehmen, die im Rahmen der Luftbrücke humanitäre Güter nach Sarajewo fliegt.

Ich nutze die freie Zeit, um den von Mauern umgebenen Palast des Diokletian zu besichtigen, durch die schönen Gassen von Trogir zu schlendern, auf einen der Berge zu steigen, von denen man die Bucht von Split überblickt, und um von dort auf die Inseln der Küste Dalmatiens zu schauen, die bis zum Meereshorizont wie Kaimane oder Nilpferde aus dem Wasser ragen.

Auf dem Rückweg frage ich den Taxifahrer, mit dem ich mich auf italienisch verständige, wo ich Flüchtlinge aus Bosnien-Herzegowina interviewen könnte.

»Im Hotel«, sagt er mir. »Die Nonnen teilen ihnen morgens Essenspakete aus.«

»Auch an Moslems?«

»Dies ist eine saubere Stadt. Ihre Anwesenheit würde die Kundschaft vertreiben. Hier in Split wollen wir sie nicht haben.«

»Wohin sollen sie dann gehen?«

»In die Türkei oder nach Libyen. Meinetwegen können sie zur Hölle gehen.«

Ich schließe mich in meinem Zimmer ein und zappe

mich durch die Programme, bis ich auf eine kroatische Nachrichtensendung stoße, die – welch göttliche Überraschung! – den Aktivitäten, Reden und täglichen Audienzen des erfindungsreichen Präsidenten Tudjman gewidmet ist.

Ist es die machtvoll hypnotische Wirkung des Programms oder die während des Tages angesammelte Müdigkeit? Zum ersten Mal seit vielen Jahren schlafe ich bei angeschaltetem Licht ein.

(Die Beispiele in Bosnien herrschender Barbarei sind dem ergreifenden Zeugenbericht *Die Bosnier* von Volivar Colić entnommen, eines bosnischen Schriftstellers, der nach Frankreich geflüchtet ist.)

II.

In der Mausefalle

Die Reise gerät zu einem Würfelspiel, dessen Zielfeld eine Mausefalle ist. Die französischen Hercules-Militärmaschinen, die, mit humanitären Gütern beladen, täglich von Split in die bosnische Hauptstadt fliegen, halten normalerweise ein Dutzend seitliche Sitzplätze für Pressekorrespondenten und Funktionäre der internationalen Organisationen und Institutionen frei.

Auf der Rollbahn des dalmatinischen Flughafens stelle ich fest, daß ich der einzige Journalist bin: Sadoko Ogata, die Direktorin des UN-Hochkommissariats für die Flüchtlingshilfe (UNHCR), und ihre Beraterequipe sitzen auf den restlichen Plätzen. Ein Schwarm von Fotografen und Kameraleuten umringt sie, als wir den Boden betreten, und geleitet uns eilig durch ein von Mauern und Sandsäcken geschütztes Labyrinth zu einer improvisierten Pressekonferenz.

Ein Schützenpanzer der UN-Schutztruppen (Unprofor) soll mich durch das von den Serben kontrollierte Gebiet zum ehemaligen Postgebäude bringen. Dort beginnt das Stadtzentrum, das noch in Händen der Bosnier ist. Vorher aber muß ich ein Dokument unterzeichnen, durch das ich die Unprofor von aller Haftung für »Verlust, Verletzung und Tod« entbinde, die mir während der Fahrt zustoßen könnten.

Nach dem, was mit dem bosnischen Vizepräsidenten Hakija Turajlic passierte, der gewaltsam von Milizionären aus einem der Panzerfahrzeuge gezerrt und vor den Augen seiner Eskorte trotz deren »energischen Protests« kaltblütig ermordet wurde, ist mir klar, daß die Blauhelme, aus Schaden klug geworden, es nicht darauf ankommen lassen wollen. In Bosnien herrscht das

Recht des Stärkeren. Die Machtlosigkeit und Resignation der Befehlshaber der Unprofor angesichts der Übergriffe und Erpressungen von Karadžić und seiner Leute bringen mich auf einen passenden Werbespruch für die aleatorische Transportaktion: »Sie liefern die Leiche, Unprofor kümmert sich um den Rest.«

Ein spanischer Unteroffizier, den Alfonso Armada und Gervasio Sánchez von meiner Ankunft unterrichtet hatten, kommt hinzu und hilft mir, mit meinem bescheidenen Gepäck in den Schützenpanzer zu klettern. Die Eskorte besteht aus jordanischen und ägyptischen Soldaten, und während wir durch eine verwüstete, öde Landschaft fahren, erspähe ich durch ein seitliches Guckloch: Häuser mit weggesprengten Dächern, geschwärzte Autokarosserien, verstümmelte Telegrafenstangen, spanische Reiter, pockennarbige Straßen, die nirgendwohin führen.

Der Parkplatz des Postgebäudes, ein weiteres Feld im Würfelspiel: Kontrollen, Leibesvisitation, ein kleines Labyrinth aus Sandsäcken und schließlich das Grenzgebäude, in dem reger Betrieb herrscht. Die französischen Soldaten haben ihre Kollegen zur Feier des 14. Juli – la fête nationale! – zu einem köstlichen kalten Buffet mit Canapés, Huhn, Fleisch, Kuchen, Wein und Champagner eingeladen. Meine Freunde finden mich in dem Büro, das als Registratur und Archiv der Daten der Auslandskorrespondenten dient, und wir machen uns umgehend im Auto zum Hotel Holiday Inn auf.

Die Voivoda Putnika, die durch den modernen Stadtteil von Sarajewo führt, ist von den Belagerten in »Boulevard der Heckenschützen« umgetauft worden. In einem illustrierten Stadtführer Sarajewos, der erst vor sieben Jahren erschien, kann man Beschreibungen wie die folgende lesen: »Die Lichter der Stadt glitzern wie Leuchtkäfer heller in der Dunkelheit als die Sterne am bosnischen Himmel: Dies ist der Eindruck, den der Tourist hat, der nachts in die Umgebung von Sarajewo kommt. Reist er am Tag, wird er auf eine orientalische Stadt stoßen, wie es sie allein in den Märchen gibt, und er wird voller Staunen über breite, von prächtigen modernen und im Stil der österreichischen Jahrhundertwende errichteten Gebäuden gesäumte Boulevards fahren.«

Doch die Stadt, die ich sehe, ist verwüstet, verletzt, verstümmelt, zeigt Eingeweide, eitrige Wunden, erschreckende Narben. Ganze Straßenzüge oder Gebäude sind verschwunden, es fahren weder Straßenbahnen noch Autobusse, die Voivoda Putnika ist verlassen und ohne Hoffnung, die Bäume wurden gefällt, die Menschen haben sich in ihren Verstecken verkrochen, die zehn- oder zwölfstöckigen Fassaden sind versengt und durchlöchert.

Wolkenkratzer aus spiegelndem Glas erheben sich wie Bienenstöcke voller blinder Waben: Funkelnde Brillengläser, in denen sich die Sonne reflektiert und glitzert, wechseln ab mit leeren, tückisch schielenden Augenhöhlen. Verkohlte Autos und Busse lassen mitten auf der Fahrbahn den Schrecken des Brandes weiterleben. Reglose, von Maschinengewehrsalven durchlöcherte rotweiße Straßenbahnen rosten an Fußwegen vor sich hin, über die sich Unkraut und Büsche hergemacht haben. Die Oberleitungskabel von Trolleybussen hängen gefährlich von den Pfosten herab und rollen sich auf dem Boden zusammen wie Schlangen. Gebäude stehen da, die nur aus ihrem Stahlskelett bestehen, halb geschmolzene Kioske und Telefonzellen liegen herum, unbrauchbare gekrümmte Lichtmasten, Schuttberge über Schuttberge, ausgeschlachtete, kohlschwarze Fahrzeuge.

Kaum ein Haus hat noch heile Scheiben. Bei einigen sind, obwohl sie von den Heckenschützen unter Beschuß genommen werden, die Fensterhöhlen schamhaft mit Plastik zugepflastert, das von der Unprofor bereitgestellt wird. Inmitten dieser trostlosen Landschaft eine Uhr, deren Zeiger auf Punkt acht (welchen Tages, welchen Monats, welchen Jahres?) stehengeblieben sind.

Ohne Wasser, Gas, Strom, öffentliche Verkehrsmittel und Telefon wirkt Sarajewo auf den ersten Blick wie eine Geisterstadt, ein lebloser Körper mit ausgerenkten Knochen. Doch immer wieder aufflackernde Maschinengewehrsalven, hin und wieder detonierende Mörsergranaten und das Pfeifen der Geschosse der Heckenschützen gemahnen den Besucher angelegentlich daran, daß ihr Martyrium weitergeht. Dennoch hält die bosnische Hauptstadt dem Feuerregen, der über sie niedergeht, und dem grausamen Würgegriff stand und bleibt wie durch ein Wunder aufrecht stehen.

Gleich nach seiner Ankunft in Sarajewo muß der Fremde in die Gesetze und Regeln eines Verhaltenskodex eingeweiht werden, der die Grundvoraussetzung für sein Überleben ist. Er, der an ein freies Leben ohne Hemmnisse gewöhnt ist, muß in seinem neuen

Lebensraum, der Mausefalle, die er mit 380 000 anderen Menschen teilt, schnell lernen: Er muß die hochgefährlichen Gebiete und diejenigen kennen, in denen er sich ohne allzu große Gefahr bewegen kann, er muß wissen, in welchen Stadtteilen Mörsergranaten niedergehen, welches die beliebtesten Straßenecken und Kreuzungen der Heckenschützen sind, wo er gebückt gehen und wo er schnell losrennen muß. Jede Unachtsamkeit oder ein Fehler bei der Auswahl des Weges können tödlich für ihn sein. Jedes Hinausgehen – und jeder muß einmal rausgehen, um Wasser, Holz oder Nahrungsmittel zu holen – ist, wie die Menschen in Sarajewo sagen, russisches Roulette.

Und so lerne ich bereits vom ersten Tag an, daß es ratsam ist, das Hotel mit Höchstgeschwindigkeit zu verlassen, den »Boulevard der Heckenschützen« zu meiden, auf den der alte Eingang des Holiday Inn hinausgeht, die Anhöhe, die zur Kranjčevića führt, im Eiltempo hinauf zu sausen und die sichersten Bereiche am Marschall-Tito-Boulevard und die Fußgängerzone in der »Vase Miskina« von hinten herum anzusteuern.

Die Autos, die noch fahren, werden, wenn sie eine freiliegende Kreuzung überqueren, plötzlich schneller und laufen Gefahr, mit einem anderen Fahrzeug oder einem der weißen Panzerfahrzeuge der Unprofor zusammenzustoßen, die den ganzen Tag durch die Stadt fahren. Um sich vor den »Helden« zu schützen, die, hinter den nahen Hügeln verschanzt, vor allem auf Kinder und Frauen schießen, haben die Soldaten der Armija (der bosnischen Armee) die gefährlichsten Freiflächen mit allen möglichen Gegenständen verstellt:

Holiday Inn
HOTEL

mit Containern, Bussen, Fahrzeugen, Plakatwänden, die als Vorhang oder spanische Wand gegen die blutrünstige Gefräßigkeit der Kreuzritter Groß-Serbiens fungieren.

In den »sicheren« Straßen halten sich die Menschen aus Sarajewo auf, um einzukaufen, was sie können, oder stehen mit Wasserkanistern beladen bei den Brunnen an. Doch diese Sicherheit ist illusorisch. Und die serbischen Tschetniks machen es sich zur Aufgabe, sie jedesmal wieder in Frage zu stellen, wenn die Bevölkerung auf sie vertraut: Das wiederholte Blutbad vor dem Bäckerladen in der Vase Miskina, auf dem Trainingsplatz einer Gruppe Jungen, an den noch fließenden Brunnen, die von vielen Menschen aufgesucht werden, bei Beerdigungen auf den Friedhöfen, zeigt, daß niemand, wirklich niemand sich an irgendeiner Stelle der Stadt sicher fühlen kann.

Eine Familie aus einem der Häuserblocks in der Nähe des Hotels, die aus ihrer ungeschützten, fensterlosen Wohnung zu Beginn eines Granatenhagels in den Bunker flüchtete, starb darin, als dieser von einer Mörsergranate getroffen wurde. Jeden kann der Tod erwischen oder, ist man gläubig, der Flügel Azrail zart berühren, des Todesengels der islamischen Tradition.

In dieser Stadt, in der es kein Holz gibt, um Särge zu bauen, mußt du dich daran gewöhnen, im Bewußtsein deiner Wehrlosigkeit und Verletzbarkeit zu schlafen, umherzufahren und zu laufen. Nichts garantiert dir, daß das Korn eines Scharfschützen sich nicht unvermittelt auf deine bedeutungslose Person richtet, daß nicht eine Mörsergranate oder sonst ein Geschoß in deiner Wohnung explodiert.

Die Bewohner Sarajewos ertragen als Insassen eines offenen Gefängnisses seit mehr als einem Jahr diese unheilvolle Zerstörung voller Würde und Kaltblütigkeit. Doch die Auswirkungen von Hunger und Erschöpfung und das allgemeine Gefühl, verraten und verlassen worden zu sein, haben sich ihrer seit dem schändlichen Abkommen von Washington bemächtigt, das ihren moralischen Widerstand an die Grenze des Erträglichen treibt.

Sie haben plötzlich begriffen, daß die Würfel gefallen sind, daß sie von niemandem mehr Hilfe erwarten können: weder von den weißen Panzerfahrzeugen der Unprofor, die sich nicht einmal selbst verteidigen können, noch von den nordamerikanischen Flugzeugen, die mit dem lächerlichen Auftrag die Stadt überfliegen, den Luftraum freizuhalten. In Sarajewo kann ebenso wie im restlichen Bosnien das ganze infame Ritual, das als ethnische Säuberung bekannt ist, durchgezogen und darf zu Lande ungestraft gemordet, zerstört und gemetzelt werden.

III.

Krankenhäuser, Friedhöfe, Oslobodenje

207

Der monatliche Bericht des Ministeriums für Hygiene und öffentliche Gesundheit, der kurz vor meiner Ankunft herausgegeben wurde, offenbart mit ganzer Härte den Umfang des seit April 1992 am bosnischen Volk verübten Völkermordes: 140000 Tote (davon 9040 in Sarajewo), 151000 Verletzte (davon 53095 in Sarajewo), 1835000 Vertriebene, 156000 Gefangene in serbo-montenegrinischen Konzentrationslagern, 12100 Gelähmte und Invaliden (davon 1280 Kinder), etwa 38000 vergewaltigte Frauen.

Gleich nachdem ich mich im Hotel eingerichtet habe, beschließe ich, das Krankenhaus von Koševo zu besuchen, das größte und modernste der Stadt. Die Fahrt durch die Kranjčevića und Dure Dakovica bietet einen ersten Einblick in die Not und die Sorgen der Belagerten: der größte Teil der Fußgänger trägt Bündel von Plastikkanistern mit sich, oder sie befördern sie in Handkarren, Einkaufswagen, Gepäckwagen wie auf Bahnhöfen und Flughäfen, in Kinderwagen, auf Fahrrädern, auf Brettern mit Rollen darunter, auf Kufenbrettern, transportieren auf Traggestellen befestigte Blechdosen. Viele Frauen und Männer schleppen zudem Holz zum Hügel in jenen Stadtteil hinauf, in dem das Krankenhaus liegt.

Die Direktorin des Unfallkrankenhauses, Dr. Fayuk Kulenović, zeichnet ein düsteres Bild der Lage: Sie haben kein Wasser, und weil sie seit neun Tagen keinen Strom mehr haben und nur noch 10 Liter Treibstoff in dem Tank für den Generator des Operationssaales sind, sehen sie sich gezwungen, am Tage auf jenen Fluren zu operieren, die den Angriffen am stärksten ausgesetzt sind, um das Licht, das durch die Fenster einfällt, zu nutzen. Den Generator benutzen sie nur für die nachts eingelieferten Verletzten.

»Was würde geschehen, wenn sie noch heute Tausende von Granaten werfen?«

»Wir hätten keine Wahl, als bei Kerzenlicht oder beim Licht von Petroleumlampen zu operieren oder zu amputieren.«

Doktor Kulenović begleitet meine Freunde und mich in den modernen Komplex der im Halbdunkel liegenden Räume der Unfallstation. Die Kontroll-Apparate, Kardiographen, Röntgengeräte funktionieren nicht, weil Strom fehlt; sie brauchen dringend Betäubungsmittel, Verbandszeug, Antibiotika, Spritzen. Der Sauerstofftank ist fast leer; die Operationssäle sind wegen eines Mörsereinschlages zur Zeit geschlossen; der Autoklav im Reanimationszentrum wird mit Brennholz betrieben.

Wir gehen zu den Krankenzimmern. Auf der Treppe begegnen wir Krüppeln, die behandelt werden: Einarmigen, Einbeinigen mit oder ohne Krücken, einem Mann, dem beide Arme fehlen. In dem Zimmer, in dem drei Schwerverletzte liegen, weist Dr. Kulenović auf ein Loch in der Wand, das eine Granate gerissen hat, die zwischen zwei Betten hindurchflog, jedoch glücklicherweise nicht explodierte.

Unerträgliche Bilder, die drei kürzlich eingelieferten Frauen: Zwei wurden von Mörserbomben verletzt, die dritte am Hals von der Kugel eines Heckenschützen getroffen, als sie mit Kanistern beladen Wasser holen ging. Der Fall ist eine Geschichte, jede Geschichte grauenhaft. Miroslav Bajic, 46 Jahre alt, Kroate, geht auf Krücken und setzt sich, um sprechen zu können, auf seine Bettkante. Eine Granate explodierte neben ihm, als er über die Straße ging, und er verlor viel Blut, weil niemand ihm, der mitten auf der Fahrbahn lag, wegen des Bombenangriffs helfen konnte.

»Die Tschetniks«, sagt er, »wollen Haß in unsere Herzen säen, um zu verhindern, daß wir weiter zusammenleben. Doch sehen Sie sich in diesem Zimmer um: Die Betten sind von mir, einem Serben und einem Moslem belegt. Wir leben hier zusammen wie Brüder.«

Drei Tage später komme ich mit Alma, meiner Dolmetscherin, zurück in das Krankenhaus, in den Pavillon der Kinderunfallstation. Der Verantwortliche der Station erklärt mir, daß seine aus elf Ärzten bestehende Mannschaft seit dem Beginn der Angriffe radikaler Serben 1200 Kinder unter den gleichen Bedingungen operiert hat, wie sie im restlichen Krankenhaus herrschen. Augenblicklich erhalten sie nur ein Faß Wasser am Tag. Trotz der Hilfe der »Ärzte ohne Grenzen« und anderer humanitärer Organisationen fehlt es ihnen praktisch an allem Notwendigen.

Der Saal mit den erst kürzlich operierten Kindern wirkt wie eine Mustersammlung des der Stadt auferlegten Leidens. Ein kleines Mädchen, das den Beinstumpf in einen Wassereimer hält, sieht mich mit verlorenem Blick an. Es ist unmöglich, bei ihr stehenzubleiben und ihr Fragen zu stellen. Die Verletzten, an denen wir vorübergehen, sind eine einzige Litanei des Schmerzes: Azra, die vor zwei Tagen von einem Heckenschützen am Hals getroffen wurde; Nazira wurde am

7. Juli Opfer einer Brandgranate; Adis wurde vor zwei Wochen getroffen, als er mit einem Freund Kirschen pflückte; Almir, dessen Lächeln nicht zu ertragen ist, wurde vor neun Tagen in der Nähe des Flughafens von Maschinengewehrsalven durchlöchert und hat seitdem keinen Kontakt zu seiner Familie; Elvedin, traurig, bis auf die Knochen abgemagert, Augen wie ein verschrecktes Tierchen.

Wie erklärt sich der hohe Anteil an Kindern unter den Opfern? Sollte die Behauptung des verletzten Kroaten stimmen, den ich gerade interviewt habe und der sagte, daß die Söldner und Tschetniks eine doppelte Prämie für jede Frau und eine fünffache Prämie bekämen, wenn sie das winzige Ziel, ein Kind, treffen würden?

Der Mangel an angemessener Ernährung zeigt sich an der Magerkeit der Patienten. Wo soll man die notwendige Milch, das Fleisch und die Vitamine hernehmen, wenn Karadžićs Soldaten die Konvois mit humanitären Gütern aufhalten, sie erniedrigenden Erpressungen aussetzen und trotz Versprechen und Verträgen die Einfahrt nach Sarajewo tagelang verhindern? Im Spielzimmer der Genesenden – ein Dutzend kleiner Kinder sitzt um einen Tisch, malt und unterhält sich – zeigt uns der Krankenpfleger spöttisch einen großen Plüschbären, ein Geschenk des Generals Morillon, sagt er.

In den heißen Tagen und Nächten fehlt Platz in den Krankenhäusern, fehlt Platz in den Leichenhallen – die Toten müssen auf dem Boden aufgereiht werden –, fehlt Platz auf den Friedhöfen. Da Beerdigungen eines der bevorzugten Ziele der Heckenschützen sind, mußten sie an improvisierten, an weniger gefährlichen Plätzen stattfinden (im Park auf dem Hügel von Kovači), oder die Opfer mußten im Schutz der Morgendämmerung heimlich beerdigt werden (in der Nähe des Stadions der Winterspiele von 1984).

Die Gräber dort weisen eine einzigartige Gemeinsamkeit auf: Während das Geburtsdatum der Beerdigten mehrere Jahrzehnte auseinanderliegt, ist das Todesdatum immer das gleiche, 1992 oder 1993. Die Todesursache ist bekannt, und einige Opfer sind auf dem Friedhof selbst gestorben. Am Fuße der Löwenstatue sind die marmornen Grabtafeln des kleinen atheistischen Friedhofs der Tito-Ära mit einem Kranz von Gedenk- und Grabsteinen mit dem Halbmond, dem Davidstern, katholischen und griechisch-orthodoxen Kreuzen umgeben, alle nach Mekka ausgerichtet.

Der Tod hat die Anhänger der Religionen des heiligen Buches gleichgemacht und vereint, Opfer ein und derselben Barbarei. Dieser eng gedrängten Sammlung von Kreuzen und Grabsteinen müßte ein weiteres, monumentales Denkmal beigesellt werden. Es müßte das Datum der Menschenrechtserklärung der UN aus dem Jahre 1948, der Europäischen Konvention über Menschenrechte aus dem Jahre 1950, des Abkommens über zivile und politische Rechte der UNO aus dem Jahre 1966, der Charta der KSZE aus dem Jahre 1990 und der berühmten Konvention von Genf tragen, und darunter müßte stehen: »Hier liegen die Würde der Europäischen Gemeinschaft und die Glaubwürdigkeit

der Vereinten Nationen, beide gestorben in Sarajewo.« Als eine Mahnung an alle Völker der Welt, wie wenig die moralische Verpflichtung der Großmächte wert ist – Dutzende und Aberdutzende von nicht eingehaltenen Verträgen und zu den Akten gelegten Resolutionen –, wenn ihre eigenen vitalen Interessen nicht auf dem Spiel stehen.

Das beste Beispiel für die Raserei der panserbischen Fundamentalisten und der Wut derer, die ihnen widerstehen, ist womöglich die heute weltberühmte Zeitung *Oslobodenje*.

Der ovale Turm, der die Redaktionsbüros beherbergte, ist inzwischen eine von Mörsergeschossen entstellte Masse: ein gepeinigtes stalagmitenförmiges, wie von Antoni Gaudí stammendes oder einem flehenden, vielleicht auch Rache schwörenden Armstumpf gleichendes Gebäude. Daß soviel Hartnäckigkeit bei der Zerstörung aufgebracht wird, offenbart, wie besessen die Belagerer sein müssen, die Stimme der Opfer zum Schweigen zu bringen. An dem Tag, als ich mit Alma und Gervasio Sánchez dorthin komme – nach einer Fahrt im Eiltempo über den »Boulevard der Heckenschützen« –, waschen verschiedene Journalisten und Drucker, in Sicherheit vor ihnen, im Vordergarten Wäsche und hängen sie in der Sonne auf oder ruhen sich im Schatten kleiner Tannen von der Nachtarbeit aus.

Wir treten in das beinahe dunkle Gebäude ein. Die Rotationsmaschine befindet sich im Keller und hat, anders als der Rest des Hauses, nicht unter dem Mörserbeschuß gelitten: unter den zwei oder drei Löchern in der Decke fangen Tonnen mit einem improvisierten Trichter das Regenwasser auf und verhindern, daß es den Boden überschwemmt. Der Raum, in dem die Zeitung ausgeliefert wird, liegt im Erdgeschoß, in dem Bereich des Gebäudes, das am wenigsten der Bombardierung durch die Tschetniks ausgesetzt ist. Als wir in den ersten Stock hinaufsteigen, überwältigt uns, was wir sehen: von Trümmern übersäte Flure, verwüstete Büros, aufgeschlitzte Bürostühle, Berge von zerbrochenem Glas. Durch die Ritzen des schützenden Bretterverschlages spähen wir auf die Front, die in etwa 200 Metern Entfernung verläuft. Die Fahne der selbstausgerufenen serbischen Republik Bosnien flattert auf einem nahen Gebäude. Der Bereich zwischen diesem und dem Skelett der *Oslobodenje* ist vermint. Seit Mai 1992 schießen die Heckenschützen, doch sie haben nie versucht, den Bereich zu durchqueren.

In der Cafeteria rede ich mit zwei Journalisten, die in Schichten von sieben Tagen mit etwa vierzig Kollegen und Druckern die Herstellung und den Vertrieb der Zeitung auf der Straße gewährleisten. Aus Sicherheitsgründen ist die Redaktion in eine Etage in der Nähe des Marschall-Tito-Boulevards übergesiedelt, wo ich drei Tage zuvor mit Alfonso Armada den Direktor der Zeitung, Kemal Kurspanić, und Zlatko Dizdarevic interviewt habe, den Autor eines in Frankreich publizierten Kriegstagebuches.

»*Oslobodenje*«, sagen mir die Journalisten, »hatte 1990 2800 Angestellte und gab neben der Zeitung achtzehn Zeitschriften heraus (Kino-, Sport-, Mode-, politische Zeitschriften usw.), die in ganz Jugoslawien vertrieben wurden. Die Zeitung hatte eine Auflage von 70000 pro Tag und die Publikationen des Verlagshauses insgesamt eine Million. Augenblicklich drucken wir, weil Papier fehlt, nur dreitausend. Unsere Lagerbestände erlauben uns höchstens noch eine Woche lang, diese Anzahl aufrechtzuerhalten.« Die Zeitschrift ist ausverkauft, sobald sie ausgeliefert ist. »*Oslobodenje* braucht dringend 30 Liter Treibstoff«, sagt ihr Direktor: »Ohne Treibstoff kann die Rotationsmaschine nicht weiterlaufen. Am 30. August feiert die Zeitung ihr 50jähriges Bestehen, und ob wir bis dahin weiterbestehen können, hängt einzig und allein von der internationalen Solidarität ab.«

Ich lebe seit fünf Tagen im Holiday Inn und habe dessen vordere Fassade noch nicht gesehen. Als ich vom Besuch bei der *Oslobodenje* zurückkomme, halten wir 300 Meter vor dem Hotel entfernt auf dem »Boulevard der Heckenschützen«. Vom zerfallenen Gebäude des ehemaligen Museums der Revolution vor Einschüssen geschützt, mache ich ein Foto von dem häßlichen, gelben Gebäude, das massiv ist wie ein Luxusbunker, von seinen Fahnenstangen ohne Willkommensflaggen, von der Markise oder dem Mützenschirm, unter dem livrierte Pförtner einst die Gäste empfingen, die aus ihren Wagen stiegen. Einige Granaten haben an Fenstern und Etagen Schäden verursacht, die seinen neureichen Stolz gedämpft haben.

Welch seltsames Heim, in dem ich während meines Aufenthaltes in Sarajewo morgens und nachts nach Intervallen verräterischer Ruhe das Pfeifen von Kugeln, das Knattern von Maschinengewehren und den

Feuerwerkslärm der Mörser höre! Mit zwei Wachskugeln in den Ohren lege ich mich immer mit dem Eindruck ins Bett, mich in einem Dorf in Andalusien oder Kastilien zu befinden, das gerade das Fest seines Schutzheiligen feiert.

IV.

Das Memorandum des Grauens

PANJETA
DŽEMAL
1973

Blättern wir die Statistiken der Staatlichen Kommission für die Registrierung von Kriegsverbrechen in der Republik Bosnien-Herzegowina durch, so erübrigt sich jeder Kommentar, denn die trockenen Zahlen sprechen für sich: 650 Zeugen, 21000 Namen von Ermordeten, 5039 Kriegsverbrecher, 169 Konzentrationslager, 172 dem Boden gleichgemachte Dörfer, 559 zerstörte Moscheen. »Dies ist«, wie der große britische Journalist Robert Fisk sagt, »das Memorandum des Grauens.«

Diese und andere unabweisbare Zeugnisse belegen unmißverständlich den Willen der panserbischen Fundamentalisten – die von einer blutrünstigen Mythologie und jahrhundertealter Sehnsucht besessen sind, die Niederlage der Serben im Kosovo im 14. Jahrhundert zu vergelten –, die bosnischen Moslems im wahrsten Sinne des Wortes auszulöschen. Ich will nicht bei den erschütterndsten, niederträchtigsten Zeugnissen verweilen, sondern nur jenes aus dem Munde von José María Mendiluce, dem ehemaligen Verantwortlichen des UN-Hochkommissariats für Flüchtlingshilfe, erwähnen, das David Rieff in seine ausgezeichnete, im *New Yorker* erschienene Reportage aufgenommen hat.

Der darin beschriebene Vorfall ereignete sich in der kleinen bosnischen Stadt Zvornik, die zu jenem Zeitpunkt von den als *Weiße Adler* zu trauriger Berühmtheit gelangten irregulären serbischen Truppen besetzt wurde. »Ich sah«, erklärte Mendiluce, »Kinder unter den Ketten der Panzer, die dort von Männern hingelegt worden waren, die bei Verstand waren ... Diese Leute verfolgen eine schlüssige Strategie. Ihr Ziel ist, soviel Schrecken wie möglich unter der Zivilbevölkerung zu verbreiten, soviel Besitz wie möglich zu zerstören und die größtmögliche Gewalt gegen Frauen und Kinder anzuwenden. Sobald die irregulären Truppen ihre Arbeit geleistet haben, kommen die regulären Truppen – die Milizen Karadžićs oder die Polizei – und stellen die Ordnung wieder her.«

Die in zahlreichen Resolutionen und Abkommen niedergelegte Androhung – die letzte wurde am 4. August in Washington von Javier Solana unterzeichnet –, die in Ex-Jugoslawien begangenen Verbrechen gegen die Menschlichkeit vor ein internationales Tribunal zu stellen, sind, wie Milošević, Karadžić, Mate Boban und ihresgleichen sehr wohl wissen, für das Museum der toten Buchstaben bestimmte, rhetorische Übungen. Die allen bekannten Verbrecher reisen nach New York, Paris, London und Genf, werden mit Lächeln und Ehrenbezeugungen von genau denjenigen empfangen, die angesichts der erdrückenden Menge von Beweisen für den Völkermord und die ethnische Säuberung »energischen Protest« in »harten, unmißverständlichen Worten« formulieren.

Die von beiden Parteien aufgeführte Komödie täuscht indes niemanden. Radovan Karadžić, in die träumerische Aura eines Dichters gehüllt, der Walt Whitman bewundert, tut so, als kenne er nicht einmal den Ausdruck »ethnische Säuberung«, den er, wie von engelhaftem Erstaunen befallen, artikuliert: »Massenmorde, Pogrome, Todescamps? Eine Erfindung der Mudschahedin, der islamischen Fundamentalisten, die vorhaben, Europa zu beherrschen.«

Die Angewohnheit, wissentlich zu lügen, von der

Hans Magnus Enzensberger in Zusammenhang mit den Intellektuellen und Apparatschiks des Ostens sprach, wurde in Belgrad und Pale dank der »Kreativität, des Einfallsreichtums und der Erfindungsgabe« noch perfektioniert und in einem der hochgelobten Romane von Dobrica Ćosić, dem aus dem Fenster geworfenen Präsidenten der serbisch-montenegrinischen Föderation, sogar zur Kunst erhoben. Die Bibliothek von Sarajewo wurde von den »Türken« des Alija Izetbegović angezündet, um die Aufmerksamkeit auf sie zu lenken und uns der Barbarei zu beschuldigen! Wenn die Moscheen vom Kanonenfeuer getroffen wurden, so ist dies angeblich das Werk der Mudschahedin, die damit die Weltöffentlichkeit gegen die Serben aufbringen wollten!

Der Angriff, der auf den Fahrzeugpark der Blauhelme im Stadtteil Zetra erfolgt, während ich diese Zeilen schreibe, ist »von den Moslems geschickt inszeniert worden, um die Friedensgespräche in Genf zu sabotieren und eine Militärintervention zu provozieren«! Das Blutbad auf dem Friedhof von Sarajewo war »ein Pakt des bosnischen Präsidenten mit den Medien, um die expansionistischen Ziele der Moslems zu kaschieren«. Das ist so, als würde Dr. Goebbels erklären, daß die Juden in Auschwitz sich in die Gaskammern stürzen, um damit Mitleid zu erwecken und die Anti-Nazi-Propaganda anzuheizen. Wenngleich Milošević, Karadžić und Šešelj Gegenstand beinahe weltweiter, obschon heuchlerischer Mißbilligung sind, so stellen sie sich selbst als Opfer eines vatikanisch-germanisch-islamischen Komplotts dar. Nur die russischen Nationalisten, ihre griechischen Brüder und der immerwährende Schutz des heiligen Sava helfen ihnen standzuhalten, garantieren dem »himmlischen Volk« den Endsieg, das inmitten drohender Verschwörung den Pesme oder den Heldengesang anstimmt.

Währenddessen gerät die bosnische Armija durch das Abkommen zwischen den Führern des reinen Groß-Serbiens und des reinen Groß-Kroatiens, das die Beute Bosnien-Herzegowina untereinander aufteilen soll, in eine ausweglose Situation und treibt die Getreuen Izetbegovićs dazu, zu den Methoden ihrer Gegner zu greifen. Wegen der Härte der Gefechte und aus panischer Angst vor der Säuberung drängen unzählige verschreckte, hungrige Menschen auf die Straßen und Wege der von den Moslems kontrollierten Gebiete: grausame Bilder des Elends und Leidens im Herzen dieses Europas, das dickfellig und steinhart egoistisch ist, für das das Verschwinden eines souveränen Staates und der Todeskampf einer Gemeinschaft von etwas über zwei Millionen Menschen nichts als eine weitere Nachricht in diesem Universum voll Aggression und Raserei ist, das George Bush einmal mit einzigartiger Klarsichtigkeit die »Neue Weltordnung« genannt hat. Wohin werden die Hunderttausende von Flüchtlingen gehen, die von allen Seiten bedroht werden, die wehrlose Opfer von Übergriffen und Gewalt sind?

Seit der gemeinsamen Offensive von Kroaten und Serben ist das Gebiet derjenigen, die dem Gedanken eines Vielvölkerstaates treu geblieben sind – heute sind es fast nur noch Moslems –, auf weniger als 10 % seiner ursprünglichen Größe zusammengeschrumpft und schrumpft wie eine Haifischhaut noch weiter, wobei dieses Territorium nicht zusammenhängt. Trotz der heftigen Gegenwehr der Armija wird die Landkarte Bosniens unerbittlich zu einer Reihe von Mausefallen, in denen sich Menschen drängen, die in Angst und Ungewißheit leben, die schlimmer ist als in Sarajewo.

Am 17. Juli führt mich Alma in das Stadtzentrum zu dem einst luxuriösen Hotel Europa, das, nachdem es von Bombenangriffen schwer beschädigt worden war, zu einer Flüchtlingsherberge wurde. In der wüsten, leeren Hotelhalle, die weder Fenster noch Türen hat, sitzen mehrere Frauen auf dem Boden und reden miteinander, während Jungen Fußball oder Verstecken spielen zwischen den Säulen, auf der geplünderten Terrasse und im angrenzenden Park, in dem kein einziger Baum überlebt hat. Fünfundsechzig Familien mit insgesamt 276 Personen leben hier zusammengedrängt in den Zimmern: Es sind Flüchtlinge aus der Umgebung von Sarajewo, Foca, Višegrad und Goražde. Wir steigen über eine Treppe ohne Geländer zwei Stockwerke hinauf und treten in ein Zimmer, in dem eine Familie lebt, in dem Sofas und Plastikstühle stehen, wo ein Spiegel, islamische Rosenkränze und ein Wappen von Bosnien-Herzegowina an der Wand hängen. Das Ehepaar, Jasminka Butmic und Ishak Crnogorcević, empfangen Alma überschwenglich und bieten uns das einzige an, was sie haben: eine Schale mit Rosenwasser. Beide lebten bis zur Invasion im Mai 1992 in einer Vorstadt von Sarajewo.

»Die Tschetniks agieren wie programmierte Roboter«, sagt sie. »Vollkommen unmenschlich. Sie mor-

pasteta

den, plündern und brandschatzen. Viele von ihnen sind Söldner aus Rußland, der Ukraine oder von Milošević aus den serbischen Gefängnissen freigelassene Sträflinge. Sie wollen Haß unter uns säen, aber das gelingt ihnen nicht. Eines Tages werden wir wieder zusammenleben.«

»Selbst nach diesem Blutbad und dieser Barbarei?«

»Wir vergessen nicht, aber wir vergeben«, sagt er. »Hier, auf der anderen Seite des Flures, leben serbische Familien. Wir helfen einander, gehen zusammen in den Bunker. Sarajewo war immer so.«

Das allgemeine Gefühl, von der UNO und der Europäischen Gemeinschaft verraten worden zu sein, wird mit Bitterkeit aufgenommen.

»Was nützen uns die Sicherheitszonen, die Flüge der amerikanischen Flugzeuge und die Schützenpanzer der Blauhelme, wenn wir weiterhin umgebracht werden? Wir fürchten den Überfall auf die Stadt nicht. Wenn sie es versuchen, wissen wir uns zu verteidigen. Doch sie wollen uns mit Hunger, dem Abschlachten von Zivilisten und feigen Schüssen in die Knie zwingen.«

Wir warten auf eine Freundin des Ehepaares, die ebenfalls in dem Hotel Zuflucht gefunden hat. Da sie nicht kommt, beschließen wir vierundzwanzig Stunden später, in Jasminkas und Ishaks Zimmer zurückzukehren.

Das Zeugnis von Abzija Meduserjac, Witwe, 51 Jahre alt, über das, was im Mai 1992 in Višegrad geschah, ist es wert, in ganzer Länge aufgezeichnet zu werden.

»Einem Nachbarn von mir, Ahmed Karačić, stießen die *Weißen Adler* einen Fleischerhaken in den Mund.

Dann befestigten sie den Haken mit einem Seil an der hinteren Stoßstange eines Wagens und schleiften den Mann mit zusammengebundenen Händen durch das ganze Dorf, damit alle ihn sahen und seine Schreie hörten. Dann enthaupteten sie ihn und spielten Fußball mit seinem Kopf. Schließlich warfen sie, was von ihm übriggeblieben war, in den Fluß.«

»Einem anderen Bekannten, Hasan Brko, schnitten sie die Arme ab und zwangen ihn, sein eigenes Blut zu trinken. Auch ihn enthaupteten sie und warfen ihn in den Fluß.«

»Die *Weißen Adler* kamen aus Vukovar, doch sie rekrutierten viele Serben aus dem Dorf. Sie kamen, von einem Nachbarn geführt, zu meinem Haus. Sie fragten nach meinem ältesten Sohn, der in der bosnischen Armee war, und sagten, sie würden wiederkommen. Ich hatte Angst um meine Tochter und schickte sie in einen anderen Teil des Dorfes, wo sie sich verstecken und so ihr Leben retten konnte. Am nächsten Tag um zehn Uhr abends kamen sie ohne den Nachbarn. Sie schlugen mich und meinen kleinen Sohn, sie befahlen uns, uns auf den Boden zu legen, und zwangen mich, meinem Sohn den Lauf einer geladenen Pistole in den Mund zu stecken, während sie mich mit Fäusten schlugen und mir Fußtritte versetzten, damit ich schoß. Bald hatten sie genug von dem Spiel und ließen uns in Ruhe, warum, weiß ich nicht. Ich hatte acht Tage lang meine Stimme verloren: Ich konnte keine Silbe hervorbringen.«

»Den Moslems, die nach Goražde geflohen waren, wurde versprochen, daß sie sicher zurückkehren könnten. Alle, die das glaubten, sind gestorben. Sie haben mehr als 300 in die alte Moschee neben der Autobusstation getrieben und sie angesteckt. Ich werde nie ihre Angstschreie und den Geruch von verbranntem Fleisch vergessen.«

»Es gab Mädchen, die versuchten sich umzubringen, indem sie sich aus den Zimmern stürzten, in die sie die *Weißen Adler* gesperrt hatten. Eine Nachbarin und ihre 17jährige Tochter wurden vergewaltigt, enthauptet und in den Fluß geworfen. Einem Mädchen gelang es, aus einem Haus, das sie angezündet hatten, ohne Haut, ohne Haare, brennend, zu entkommen. Sie war eine einzige offene Wunde, sie sah aus wie ein Gespenst, wie ein Skelett. Dieses Mädchen konnte gerettet werden und befindet sich im Krankenhaus in Ljubljana. ›Ich lebe, um Zeugnis abzulegen‹, hat es gesagt.«

»Waren die Serben des Dorfes an diesen brutalen Taten beteiligt?«

»Ja, ein großer Teil. Es scheint unglaublich, aber so war es. Nur eine Minderheit hielt sich zurück und versuchte sogar, uns zu helfen.«

»Glauben Sie, daß Sie wieder mit ihnen zusammenleben könnten?«

Ein Schatten geht über Abzijas Gesicht, ihre Augen scheinen ins Leere zu blicken.

»Ich weiß es nicht. Es würde mir schwerfallen, mit dem Mann, der uns denunziert hat, im selben Ort zu leben.«

V.

Der Memozid

»Man muß die Stadt voller Geduld bereisen, um sie zu entdecken, ihre wichtigsten Viertel geographisch einzuordnen und zu begreifen, daß ihr Herz immer noch in der alten Čaršija schlägt, dem volkstümlichen Stadtteil der Basare, Händler, Neugierigen und Touristen«, lese ich in einem vor einigen Jahren erschienenen Führer von Sarajewo. »Die Baščaršija (man lese: Baschtscharshia, J. G.), so lautet heute der Name dieses Teils der Stadt, muß unbedingt zu Fuß besucht werden. Es gibt nur wenige, ungünstig gelegene Parkplätze in der Umgebung.«

Vom zweiten Tag meines Aufenthaltes an habe ich diesen Ratschlag regelmäßig während der täglichen Arbeitspausen befolgt, und zwar vornehmlich zu der Tageszeit, in der die Waffen schweigen und die belagerte Stadt einen trügerischen Frieden erlebt.

Auf dem Foto ist der dreieckige, vom Marschall-Tito-Boulevard bis zur kleinen Moschee der Baščaršija den Hang hinunter sich erstreckende Hauptplatz voller Leben und Treiben. Heute ist er ein leerer, dem Granatenbeschuß der auf den Hügeln jenseits des Flusses postierten panserbischen Extremisten ausgesetzter Ort. Mehrere Marktstände aus rostigem Metall stehen übel zugerichtet und leer da, eine Litfaßsäule mit losgelösten Plakaten weist rührend auf kulturelle Veranstaltungen hin, ein gelber Lastwagen ist für immer an einem schönen osmanischen Holzkiosk mit einer gebänderten, von zwei Kugeln und einem winzigen Halbmond gekrönten Kuppel stehengeblieben. Die Basare sind verriegelt oder von Granaten aufgesprengt, ihre rötlichen Dächer zeigen Wunden oder Narben von

Einschlägen, die nutzlosen Verkehrsampeln und die runden Schilder, die die Touristenroute anzeigen, sind lächerliche Reminiszenzen vergangener, glücklicher Zeiten.

In allen Querstraßen, die zur Vase Miskina führen, wiederholen sich die Reihen blinder Basare, menschenleeres Kopfsteinpflaster, Ladenschilder, die einen Barbier oder einen traumhaften Grill Dome versprechen. Der Bezistan (Basar, Anm. d. Übers.) von Brusa wurde geschlossen, doch rund um die ebenfalls geschlossene Hauptmoschee der Stadt entdecke ich zaghafte Lebenszeichen: einige Goldschmiede, einen Friseurladen, zwei Buchhandlungen mit islamischen religiösen Werken. Im Schaufenster der einen liegt eine Übersetzung von *Europa und der Islam* des ausgezeichneten tunesischen Historikers Hichem Djaït.

Die schöne, 1531 gebaute Gazi-Husrev-Beg-Moschee – eines der Meisterwerke der balkanisch-osmanischen Architektur – weist insgesamt 86 Mörsereinschläge auf, doch der Baukörper wie auch das schlanke Minarett stehen noch. Das Innere ist schwer beschädigt und wird gerade restauriert. Zwischen den Baugerüsten und Plastikplanen, die den Mihrab und die Maqsura (Kalifenloge, Anm. d. Übers.) verhüllen, erkennt man nur die Marmortreppe der Mimbar (Kanzel, Anm. d. Übers.), die wie durch ein Wunder heil geblieben ist.

Den trostlosesten Anblick bietet die berühmte Bibliothek Sarajewos. Am 26. August 1992 feuerten die ultranationalistischen Serben Brandraketen wie in einem Platzregen auf das Gebäude und verwandelten seinen gesamten kulturellen Reichtum in wenigen

Stunden zu Asche. Wie das Informationsbüro der Regierung von Bosnien-Herzegowina erklärt, ist diese Tat »das barbarischste Attentat auf die europäische Kultur seit dem Zweiten Weltkrieg«. Dieses Verbrechen – und darin lag auch die Absicht der Bande mittelmäßiger Romanciers, Dichter und Historiker mit Hang zur Pyromanie, deren Bericht an die Akademie von Belgrad der Keim war, aus dem Miloševićs Aufstieg zur Macht und die darauffolgende Auflösung Jugoslawiens erwuchs –, dieses Verbrechen kann in der Tat nur als Memozid bezeichnet werden. Da jede Spur des Islam vom Territorium Groß-Serbiens getilgt werden muß, war die Bibliothek, das kollektive Gedächtnis des moslemischen bosnischen Volkes, von vornherein dazu verdammt, in den Flammen der rächenden Reinigung zu verschwinden.

Beinahe fünf Jahrhunderte nach der Verbrennung der arabischen Manuskripte am Bibarrambla-Tor der Stadt Granada, die Kardinal Cisneros befohlen hatte, wiederholte sich dieses Ereignis in noch größerem Ausmaß zur Zeit der Feierlichkeiten des fünfhundertsten Jahrestages. Wild entschlossen, wieder zurechtzurücken, was sie in der Geschichte ihres Landes als Unrecht ansahen, machten diese Fälscher der nationalen Mythologie Serbiens – bedeutende Landsleute wie Djuric und Bogdanović haben sie wortgewaltig angeklagt – ihre von den Vorfahren überkommenen Vernichtungsträume wahr: Tausende arabische, türkische und persische Manuskripte lösten sich endgültig in Rauch auf. Der auf diese Weise zerstörte Schatz umfaßte geschichtliche, geographische Werke und Reiseliteratur, Werke über Theolo-

gie, Philosophie und Sufismus, Naturwissenschaft, Astrologie und Mathematik, Wörterbücher, Grammatiken und Gedichtsammlungen, Traktate über Schach und Musik. Heute ist von der Bibliothek nur noch das hohle Bauwerk mit seinen vier von Säulen, Hufeisenbögen, Rosettenfenstern und Zinnen geschmückten Fassaden übrig. Das Stahlgerüst des Daches, durch das die Raketen fielen, sieht aus wie ein riesiges Spinnennetz, die Bogengänge des Innenhofes zeigen nur noch die alte, feine Gipsarbeit, seine Mitte ist ein ungeheurer Haufen aus Trümmern, Schutt, Streben und versengten Papieren. Ich hebe ein Stück Papier auf und stelle fest, daß es sich um eine Karteikarte aus dem Archiv handelt. Ich nehme sie als eine Erinnerung an diese methodische Barbarei mit, deren Ziel es war, die historische Substanz eines Landes wegzufegen, um dann an ihrer Stelle ein Gebäude aus Lügen, Märchen und Vergessen zu bauen.

Wenn die Komitadschi, Haiducken und Tschetniks während der letzten Jahrhunderte nie wegen ihrer Übergriffe auf die Moslems bestraft wurden, warum sollte eine Europäische Gemeinschaft dies jetzt tun, die, ein Opfer der Widersprüche, der Kleinmütigkeit und des Egoismus ihrer Architekten, den Kopf verliert? Auf der neuen Landkarte des Balkan, die mit Blut und Feuer von den Verteidigern der nationalen und religiösen Werte gezeichnet wurde, ist der Name Sarajewo das Symbol für ein verhaßtes Weltbürgertum und wird als Affront empfunden: Die bosnische Hauptstadt, ein Ort der Begegnung und Übereinstimmung, ein Raum, in dem die Unterschiede sich vermischen und sich durch Osmose und Durchlässigkeit gegenseitig befruchten, anstatt der Grund für Ausgrenzung zu sein, ist – es fällt mir schwer, dies zu schreiben –, war das Symbol für eine andere, stimulierende und offene Auffassung einer europäischen Stadt. Blind, taub und stumm lassen wir zu, daß sie zerstört wird.

Man braucht nur auf der Brücke in der Nähe der Bibliothek über den Fluß namens Miljacka zu gehen, und schon findet man im Herzen des von der »Serbischen Republik Bosnien« heißbegehrten linken Ufers das kleine, um die Synagoge gescharte jüdische Viertel. In der Straße, auf die ihre rosa und ockerfarbene Fassade mit den Buntglas- und Rosettenfenstern und den von einem Davidstern gekrönten Kuppeln geht, hat sich eine lange Schlange gebildet: Es sind Kunden der »jüdischen Apotheke«, die in der Stadt die am besten ausgerüstete ist. Im Gebäude neben dem Gotteshaus, in dem lange schon kein Gottesdienst mehr stattfindet, da Rabbiner fehlen, verteilt eine Hilfsorganisation, deren Name, »La Benevolencia«, unverkennbar spanisch ist, täglich Hunderte von Schüsseln mit Suppe an die hungrige Bevölkerung.

David Kamhi, der Vizepräsident der Jüdischen Gesellschaft für Humanitäres, Kultur und Bildung, ist Geiger und sieht aus wie ein Gast in einer Bar in einem spanischen Dorf: kahlköpfig, ausdrucksvoll, lebhaft, Brillenträger, wie einer, der mitten im Rauch und im Stimmengewirr seiner Landsleute bei einem Kartenspiel oder einer Partie Domino sitzt. Sein Spanisch – »kein Ladino, sondern jüdisches Spanisch«, präzisiert er – ist erstaunlich reich und modern. David Kamhi ist

Nachfahre jener, die 1492 von der Iberischen Halbinsel vertrieben wurden und sich in den Ländern des osmanischen Reiches verstreuten und 1551 in Sarajewo niederließen.

»Bevor die Nazis kamen, waren wir 14000, 10000 davon Sephardim. Die meisten sind während der Deportation gestorben. Die Überlebenden hatten sich in der Stadt versteckt oder kamen nach Kriegsende zurück.«

»Im April 1992 zählte die Gemeinde 1400 Mitglieder, zumeist Sephardim wie ich. Als nach dem Tode Titos die religiösen Beschränkungen aufgehoben wurden, entdeckten viele Menschen ihren jüdischen Ursprung und suchten unsere Nähe. Im Herbst vergangenen Jahres – damals bestand schon die Belagerung – gingen etwa siebenhundert. Jetzt sind wir etwa noch einmal so viele, die nicht weggehen wollten.«

»Seit der Unabhängigkeit Bosniens«, klagt er, »hat uns bisher kein Diplomat Ihres Landes besucht. Warum schicken sie keinen Vertreter nach Sarajewo? Gibt es uns etwa nicht? Ich bin Bosnier, ich bin Jude, und ich bin Spanier. Viele meiner Kollegen heißen Pardo, Pinto, Alcalay, Alfandari, Mercado. Meine erste Sprache war Spanisch. Ich habe hier eine bosnisch-spanische Freundschaftsgesellschaft gegründet, ich war anläßlich der Fünfhundertjahrfeier in Madrid und habe König Juan Carlos begrüßt.«

»Es ist eine Schande, daß Spanien uns nicht wahrnimmt und keine Beziehungen zu Bosnien hat. Die einzigen, die uns besuchen und helfen, sind Befehlshaber und Offiziere der Armee. General Delmiro Prado war hier und hat in diesem Büro geplaudert. Ich habe gehört, daß der König allen Sephardim einen spanischen Paß angeboten hat. Doch wie sollen wir ihn bekommen, wenn hier kein Konsulat eingerichtet wird?«

»In Bosnien hat es immer gute Beziehungen zwischen den Gemeinden gegeben. Sarajewo hieß Klein-Jerusalem. Die Kinder der Moslems haben in unseren Handwerksbetrieben gearbeitet und erlernten dort ihren Beruf. Sarajewo ist eine multikulturelle, multikonfessionelle Mischung. In diesem Viertel steht die Synagoge wenige Schritt weit von der Moschee entfernt und diese wiederum nahe der katholischen und orthodoxen Kirche. Jetzt haben sie uns in ein Ghetto gesteckt, in ein Konzentrationslager mit 380000 Menschen. Es ist unglaublich, daß Europa dies nach dem Völkermord der Nazis zuläßt!«

»Humanitäre Hilfe? Ein Witz! Wir erhalten nicht einmal ein Fünftel dessen, was wir dringend benötigen: ein erniedrigendes Almosen. Ich werde ganz offen sein: Sie schicken uns unverkäufliche Kleidung aus Lagerbeständen oder dem Ausverkauf. Die Wilden dort oben schießen wahllos: Sie töten uns, weil wir zusammen leben und weiter so leben wollen. Das mit der islamischen Bedrohung ist eine Lüge Miloševićs. Die wahren Fanatiker sind er und seine Bande.«

Wie alle Menschen in Sarajewo denkt David Kamhi lieber nicht an die Zukunft: »Die Gegenwart ist schon bedrückend genug, und ein Entkommen ist unmöglich.«

»Wir Juden haben nicht einmal einen Ort, an dem

wir beerdigt werden können«, sagte er uns zum Abschied. »Unser Friedhof liegt an der Front. Die Tschetniks haben darin ihre Schützengräben gebaut und haben ihn entweiht.«

VI.

Wie man sein Leben organisiert

Die Hotels, die an den Krisenherden dieses Planeten die Presse beherbergen, schmücken sich häufig mit einer märchenhaften, romantischen Aura als notwendigem Ausgleich zu Härte und Schwierigkeiten der täglichen Arbeit von Chronisten, Fotografen und Fernsehteams: So auch das vornehme, heitere American Colony im Ostteil Jerusalems, das mit seinem schönen Innenhof, seinem Binnenklima und seinen geselligen Räumen eine Oase der Ruhe ist nach Stunden höchster Anspannung, Gewalt und Zwischenfällen, in denen über die Intifada berichtet wurde.

Das Holiday Inn von Sarajewo verbietet allein durch seine Einrichtung und seinen Bau jede romantische Stimmung: Die riesige Eingangshalle ist in Wirklichkeit ein zwölf oder dreizehn Stockwerke hoher, zentraler Innenhof, dessen Decke von Oberlichtern durchbrochen ist. Der erste Eindruck, es handle sich um einen Tempel, verschwindet sofort beim Anblick der drei großen, tragenden Betonsäulen und der Minibar in der Mitte, die von einer Art gestreiftem Sonnenschirm in Form einer polynesischen Hütte oder einem direkt aus Disneyland importierten, extravaganten Hut mit grünen, roten und gelben Streifen gekrönt wird.

Die verschlossene Seitentür, die gesprungenen oder mit von den Unprofor geliefertem Plastik verklebten Fensterscheiben, eine Handleiter, die stets an der Wand lehnt, sind beunruhigende Zeichen dafür, daß die Lage nicht normal ist. Wegweiser zum *Restaurant International*, *Restaurant Bosnien*, *Restaurant Herzegowina*, dem *Highclub*, dem Casino, dem Duty Free Shop, der Wechselstube und der Cafeteria erinnern an unendlich weit zurückliegende, glückliche Zeiten. Der einzige Speisesaal ist heute ins Zwischengeschoß verbannt, in den ehemaligen Konferenzsaal.

Sieht man es bei Tagesanbruch, wirkt das bleiche, verstörte Holiday Inn, dessen Stockwerke wie Gänge und Zellen eines Gefängnisses auf die Eingangshalle hinausgehen, wie eine Metapher der Stadt: ein Luxusgefängnis inmitten eines riesigen Konzentrationslagers, dessen Insassen, die Bewohner Sarajewos, im offenen Vollzug leben.

Geduldig warten sie mit ihren Kanistern in einer Schlange an der einzigen Ecke des Hotels, an der sie vor Scharfschützen sicher sind, darauf, daß der Tankwagen mit Wasser kommt. Nur nachts, wenn der Strom ausfällt, schaffen das blinzelnde Kerzenlicht und die wie nächtliche Funkzeichen von Schmugglern oder Polizisten aufblitzenden Taschenlampen die stimulierende, angenehme Illusion, daß es sich um eine moderne, zu Ehren irgendeines höheren, gerechten und abstrakten Wesens errichtete Krypta handelt.

Am späten Nachmittag tragen seine maulbeerfarbenen, vage an Spinnen erinnernde Sitzgelegenheiten nicht nur das Gewicht von Journalisten und Mitgliedern humanitärer Organisationen, die die einzigen Gäste des Hotels sind, ihrer Assistenten und Dolmetscher, sondern auch das einer ausgewählten Gruppe junger und weniger junger Bosnier, die den Preis für ein Bier oder ein Glas Alkohol in Dollar oder Mark zahlen können.

Trotz der Jagd auf kriegstaugliche Zivilpersonen, die von den Männern Musan »Saso« Topalovićs, einem der radikalsten Kommandanten der bosnischen Armija, vor einigen Wochen an diesem Ort ebenso wie in den wenigen noch geöffneten Cafés und Bars der Stadt durchgeführt wurde, sind die, die sich der Front entzogen haben, wieder diskret im Einzugsbereich der kleinen Bar in der Eingangshalle aufgetaucht.

Der Krieg – und ganz allgemein jede Ausnahmesituation – zeigt wie ein Foto, das entwickelt wird, den Charakter und die heimliche Identität derjenigen, die ihn erleben: ihre Feigheit oder ihren Mut, ihre Rechtschaffenheit oder Skrupellosigkeit, ihre Selbstlosigkeit oder ihren Egoismus. Sarajewo ist ein Mikrokosmos, in dem jeder durch sein Verhalten im Alltag sein wahres Wesen offenbart.

Das Unglück und das Elend der einen – der großen Mehrheit – nützt anderen und bereichert diese. Während Hunderte junger bosnischer Männer schlecht ausgerüstet und hungrig in ihren Schützengräben am Berg Igman oder dem Hügel Žuč das tödliche Hämmern der Granaten Karadžićs ertragen, besuchen andere Lokale, in denen nur mit Devisen bezahlt wird, oder werden auf dem Schwarzmarkt reich.

Ein Besuch des Stadtzentrums in den Gefechtspausen der Tschetnik-Artillerie ist besonders lehrreich. Im überdachten Markt, an den Ständen und in den Menschentrauben auf dem Marschall-Tito-Boulevard, wo gekauft und verkauft wird, drängen sich Hunderte aufgeregt oder erschöpft auf der Jagd nach allen möglichen Produkten. Auf dem Bürgersteig bieten Schmuggler oder ihre Strohmänner den Vorübergehenden Seifenstücke, Zahnpasta, Konservendosen, Schokolade und verschiedene Zigarettenmarken feil. Ein paar Meter weiter sehen sich die Fußgänger an die Wand geheftete Tauschangebote oder Todesanzeigen mit den Fotos der Verstorbenen an.

In Almas Begleitung wage ich mich in den Markt und erkunde die Preise: ein Paket Kekse 10 Mark, eine Packung Marlboro 12, drei Radiobatterien 15, ein Kilo Zucker 40, ein Liter Öl genausoviel, ein Kilo Mehl 10. Wenn man bedenkt, daß ein Arzt im Krankenhaus 10 Mark im Monat verdient, daß das mittlere Einkommen zwischen drei und fünf Mark liegt und die Soldaten oder Partisanen Titos im Ruhestand nur zwei Mark bekommen, fragt man sich: Wo zum Teufel haben die Leute das Geld her? Und die Antwort ist klar: Wenn alle Bewohner Sarajewos unter den Folgen der Belagerung leiden, so leidet eine Minderheit weniger als die anderen.

Auf dem kleinen Markt davor sieht es genauso aus: Brennholzbündel, Dosen mit kleinen Gurken, Rasierklingen. Einige verkaufen Gemüse, Kohl, rachitische Karotten, die sie in ihren Gärten oder in den von der Artillerie zerstörten Wohnungen oder in den nutzlosen Badewannen angebaut haben. Andere verkaufen kleine, in ihren Gärten geerntete Birnen, Kirschen und Himbeeren. Wie im überdachten Markt gibt es jede Menge Roastbeef und andere Schätze mit dem Emblem der Europäischen Gemeinschaft, die aus Sendungen humanitärer Güter stammen.

Vor nicht ganz einem Jahr schrieb der Journalist und Mitarbeiter der *Oslobodenje*, Zlatko Dizdarevic, in seinem *Kriegstagebuch*: »Die Franzosen und Kanadier der

Unprofor sind heute zum Flughafen gekommen, um die ordnungsgemäße Verteilung von Konservendosen an die Schmuggler sicherzustellen. Den Rest verteilen sie unter die ehrlichen Leute.«

Die Wahrheit, die damals nicht wenige schockierte, ist heute eine ganz gewöhnliche, ans Licht der Öffentlichkeit gebrachte Tatsache: Einige Mitglieder der UN-Schutztruppen bereichern sich mit diesem lukrativen Geschäft, und hinter vorgehaltener Hand deutet man allgemein mit dem Finger auf sie. Nachdem sie bei ihrer Ankunft als Retter gefeiert wurden, sind sie ein Jahr später Ziel unverhohlener Verachtung oder Wut.

Dieses Gefühl, das einige als Undankbarkeit bezeichnen könnten, erklärt Dizdarevic voller Ironie: »Warum sollten wir denn nicht dankbar sein? Haben wir etwa nicht die Möglichkeit, mittels eines anständigen Haufen Geldes mit den Blauhelmen die Stadt zu verlassen? Haben wir etwa nicht das Glück, ihnen, wenn wir über genügend Mittel verfügen, einige Liter Benzin abkaufen zu können?«

Die Grausamkeit der Belagerung und die Spannungen, die sie erzeugt, haben eine beträchtliche Zahl Belagerter, vor allem Kroaten und Serben, dazu getrieben, das Heil in der Flucht zu suchen. Nach den vom bosnischen Präsidentenamt verbreiteten Zahlen haben etwas über 1300 Personen mit im Ausland lebenden Familienmitgliedern eine offizielle Genehmigung, die Stadt zu verlassen.

Doch die UN-Truppen wollten den Schutz des Flüchtlingskonvois durch die von den Truppen Karadžićs kontrollierten Zonen nicht übernehmen, weil sie

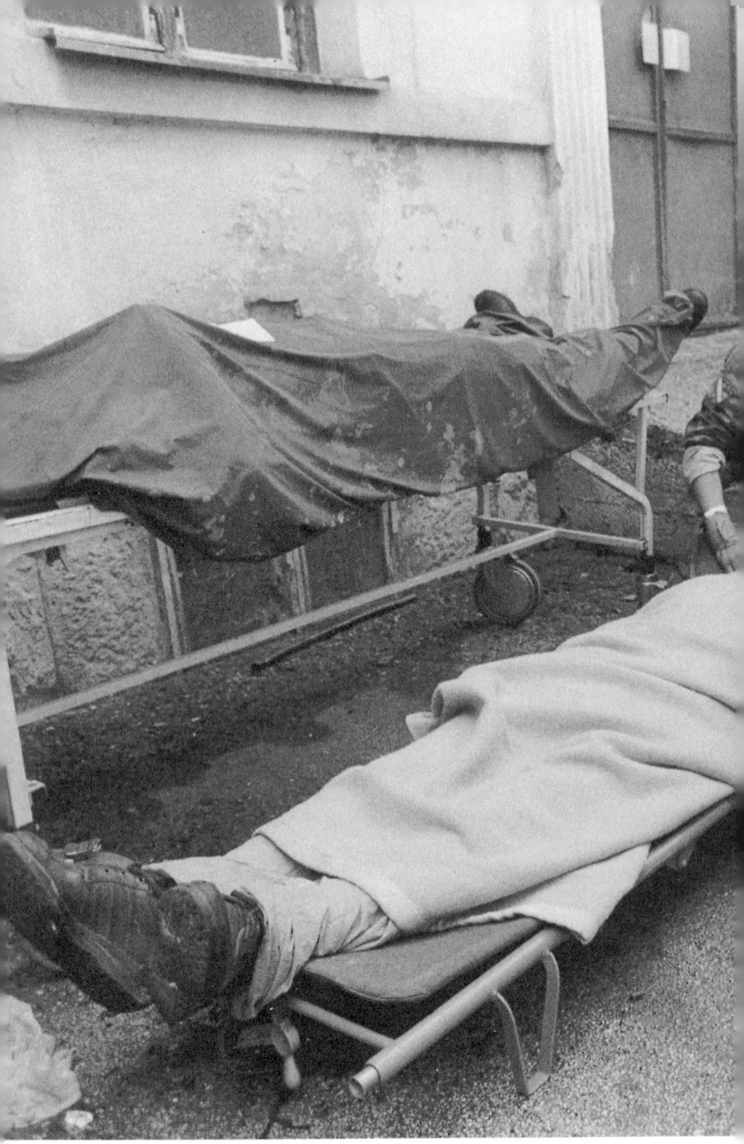

Erpressung und Plünderungen durch seine Banden fürchten, und sie führen als Vorwand an – risum teneatis – (Anm. d. Übers.: »risum teneatis, amici« aus: Horaz, *Ars poetica*: »Würdet ihr, Freunde, das Lachen unterdrücken können«), sie wollten nicht indirekt an der ethnischen Säuberung beteiligt sein. Während der Stolz der Bewohner Sarajewos, das traditionelle multikonfessionelle Zusammenleben, langsam, aber beständig abnimmt, nimmt die Zahl derer täglich zu, die der Belagerung entfliehen wollen.

Das Verschwinden eines bekannten Chirurgen serbischer Herkunft aus der Unfallklinik des Krankenhauses von Koševo – das unter den Kriegsberichterstattern während meines Aufenthaltes in der Stadt in aller Munde war – vollzog sich, das war die allseits verbreitete Meinung, mit Hilfe der Schützenpanzer der Unprofor. Informationen meiner Kollegen zufolge jagen Gruppen radikaler Milizionäre und unkontrollierter Banden, die sich aus Flüchtlingen anderer Zonen zusammensetzen, deren Häuser und Familien von den Tschetniks verbrannt und vernichtet wurden, Bürger serbischer Herkunft und verschleppen sie an die vorderste Front.

Der Zweifel, den die Zeugin des Grauens und des Blutbades von Višegrad über ein mögliches zukünftiges Zusammenleben mit den Tätern und Mittätern dieser Verbrechen äußerte, spiegelt noch die Haltung einer Minderheit wider. Diese wird indes immer größer und immer mehr Anhänger finden. »Wenn es keinen Ausweg mehr gibt, werden die Menschen gefährlich; jeder kämpft um sein Überleben, verliert die Achtung vor den anderen, wird zum Tier«, sagte in meinem Beisein ein von einer explodierenden Granate verletzter Artillerieschütze der Armija, als er von Alfonso Armada interviewt wurde.

Die vielen Toten, die die von den panserbischen Fundamentalisten durchgesetzte Belagerung gefordert hat, und die jeden Tag wieder bestätigte Tatsache, daß sie von der UN und der Europäischen Gemeinschaft verlassen und verraten wurden, unterminieren den Geist der Toleranz und des Weltbürgertums, der den Bewohnern Sarajewos eigen ist. Die heroische Verteidigung eines gemeinsamen, multikulturellen Bürgertums durch den gewählten bosnischen Präsidenten, durch Moslems sowie andere Gefolgsleute von Alija Izetbegović gegen die homogenisierende, stammesorientierte Konzeption ihrer kroatischen und serbischen Gegner – sie verliert in dem Maße an Boden, wie sich der Belagerungsring enger zieht und sich Hoffnungslosigkeit ausbreitet. Die psychische Anspannung der 380000 in einer Mausefalle gefangenen Menschen nimmt tagtäglich zu und äußert sich in einem Gefühl von Wut und Frustration gegenüber der Unprofor.

Der Beschluß, der unter dem Terror und dem Hunger leidenden Bevölkerung humanitäre Hilfe zu leisten, hat zweifellos viele Menschenleben gerettet. Die Anwesenheit der Blauhelme hat ganz gewiß neue, noch grausamere Blutbäder verhindert. Doch diese Rolle des guten Samariters, welche die kaum bewaffneten und ständig der Aggression und der Erpressung durch die Ultras von Karadžić ausgesetzten Streitkräfte übernehmen, hat sie anfangs zu Zuschauern und später zu stummen Komplizen der Aggressoren gemacht.

Unprofor hat aufgrund seiner eingeschränkten Mission das Leiden in Sarajewo und in den auf dem Papier des lächerlichen Abkommens von Washington eingerichteten »Sicherheitszonen« niemals verhindert. Schlimmer noch: Die Anwesenheit der Blauhelme dient den Anhängern einer Politik des militärischen Nichteingreifens und den Gegnern der Aufhebung des Waffenembargos (das die Opfer grausam straft) als schlagkräftiges Argument. Jede Gewaltaktion, behaupten sie, würde das Leben der Soldaten der Unprofor und der Beamten des UN-Flüchtlingskommissariats in Gefahr bringen.

Die internationale humanitäre Hilfe wird so als Waffe eingesetzt, um den Belagerten von Sarajewo ihr legitimes Recht auf Selbstverteidigung zu nehmen. Gleichzeitig feuert Clinton, alle internationalen Gesetze verletzend, Raketen auf Irak ab und beruft sich dabei auf den Artikel 51 der Charta der Vereinten Nationen. Dieser Akt wird von allen westlichen Außenministerien »verständnisvoll« aufgenommen, von denselben Außenministerien, die den Moslems die Anwendung eben dieses Artikels – die Notwehr – hartnäckig verweigern, die ihnen zumindest erlauben würde, »in Würde zu sterben«, wie sie sagen.

Das Argument, daß die Entsendung von Waffen zur Rettung eines angegriffenen Landes den Krieg und das Leiden der Völker unnötig verlängere, müßte dem ehrenwerten Unterhändler der EG, Lord Owen, die Schamesröte ins Gesicht treiben: Ohne massive Waffenlieferungen von Präsident Roosevelt an Großbritannien hätte der Krieg in der Tat schon 1941 durch eine *pax hitleriana* beendet werden können, so wie jetzt ein Frieden mit den serbischen Kriegsverbrechern geschlossen wird. Hat Churchill mit seiner Weigerung, die auf der Landkarte geschaffenen »neuen Realitäten« hinzunehmen, nur den Krieg und das Leiden der Völker Europas verlängert oder hat er ihnen etwa nicht auch das unerträgliche Joch der Barbarei erspart?

Die bereits im Falle Kuwaits und Palästinas deutlich gewordene westliche Politik, die mit zweierlei Maß mißt, gilt mit ganzer Schärfe auch im Falle des verstorbenen Jugoslawien. Die 37 Resolutionen und 30 Erklärungen des UN-Sicherheitsrates zur serbischen Aggression sind am Ende alle direkt im Papierkorb gelandet. »Sicherheitszonen« wurden täglich bombardiert, ohne daß irgendeine Reaktion erfolgte! Humanitäre Hilfe wurde einer Maut unterworfen oder von den Kriegern Karadžićs nicht durchgelassen! Auf den Gebäuden und Hügeln am Rande Sarajewos postierte Heckenschützen haben ungestraft auf Kinder und Frauen geschossen und werden dies weiter tun! Wird irgend jemand einen Finger rühren, um der sorgfältigen Säuberungsarbeit Einhalt zu gebieten?

Das Gebiet, in dem sich diese Schandtaten ereignen, gehört weder zu den Gebieten »vitalen Interesses« der Vereinigten Staaten noch der Europäischen Gemeinschaft. Ein Bosnier ist weniger wert als ein Barrel Rohöl. Die Moslems und andere Getreue der Regierung von Sarajewo büßen mithin für ihr einziges Verbrechen: einem Land anzugehören, das keine Ölquellen hat.

VII.

Orthodoxer Bogen, islamische Schlange

Im vergangenen Juni zelebrierte der Patriarch der orthodoxen Kirche, Monsignore Serafim, für die ultranationalistischen Serben Radovan Karadžićs in Athen eine Liturgie mit politisch-religiösen Homilien und Predigten. Alle griechischen Rechts- und Linksparteien sowie Gewerkschaftsorganisationen waren auf der Tribüne vertreten. Die Redner verurteilten mit flammenden Worten den »islamischen Expansionismus auf dem Balkan«. Was war dagegen zu tun? »Einen orthodoxen Bogen gegen die islamische Schlange schmieden«, rief ein Bischof. Mit anderen Worten: Es den Tschetniks, der Vorhut der Christenheit, gleichtun.

Seit dem Beginn ihres Angriffs auf Bosnien haben die serbischen Radikalen in ihrem Lande und außerhalb das Schreckensbild der von Teheran aus gesteuerten »fundamentalistischen« Bedrohung an die Wand gemalt. Ihr Krieg erhielt dadurch eine religiöse Färbung, die ihrem irredentistischen Homogenisierungsvorhaben den Anstrich jenes jahrhundertealten Kampfes geben sollte, den Europa gegen die Moslems führte – ein Kampf, der jetzt auch gegen deren aktuellen Versuch gerichtet ist, mit Hilfe der in Deutschland infiltrierten »fünften türkischen Kolonne« – der beinahe zwei Millionen türkischen Gastarbeiter – ein »balkanisches Kalifat« zu gründen.

Diese fantastischen Hirngespinste, die im Fernsehen Miloševićs jahrelang Tag und Nacht wiederholt wurden, haben sich bei einem großen Teil der serbischen Bevölkerung – wie inzwischen auch bei der griechischen – festgesetzt und sie davon überzeugt, daß sie angesichts des angeblich von den Mudschahedin geplanten Genozids in Notwehr handeln.

»Fünf Jahrhunderte lang haben die Serben / die Sklaverei ertragen / und den Namen des heiligen Sava / verherrlicht. / Der heilige Sava liebt die Serben / und ist ihr Fürsprecher vor Gott. / Singt, Serben, / und wiederholt drei Male dieses Lied!«

Die mit einer Parabolantenne an der dalmatinischen Küste empfangene Propaganda der Fernsehstationen von Belgrad und Pale benutzt Bilder unvergeßlicher lyrischer Einfalt: Ein gesundes, blondes Mädchen in serbischer Nationaltracht, das eine erstaunliche Ähnlichkeit mit den jungen Walküren hat, die Hitler für sich reiten ließ, beugt sich anmutig vor, um ein Geschütz zu küssen, das seine Granaten gegen die »Türken« Sarajewos schleudert. Auf einem dreiteiligen Bild zur Warnung der »Freunde« Europas zeigt die erste Tafel die wehende Europaflagge, auf der zweiten ist diese von schleimigen, grünen Tropfen übersät, auf der dritten ist sie vollkommen grün, und darunter steht: »Dies ist die Zukunft«.

Das Grün symbolisiert selbstverständlich den Islam, und die wie immer mit einiger Verspätung und Plumpheit von Franjo Tudjman nachgeplapperte Botschaft Miloševićs und Karadžićs ist mehr als durchsichtig: Ihre Soldaten kämpfen, um die Europäer vor der Flut zu schützen, die sie zu überschwemmen droht.

Die serbische Mythologie hat die glorreiche Zeit der Kreuzzüge wieder auferstehen lassen: So kommentierte am Tag meiner Abreise General Radko Mladić, der Oberbefehlshaber der Tschetniks von Karadžić, die Offensive gegen die letzten Verteidiger der Republik Bosnien-Herzegowina und ihres gewählten Präsidenten auf den Hügeln von Bielasnika und Igman: »Meine Armee kontrolliert von nun an den Weg Allahs.«

Der Endsieg der Paladine der rassischen Reinheit wird, während ich diese Zeilen schreibe, durch die Zerstückelung von Bosnien-Herzegowina ratifiziert. Daß dieses durch eine illusorische Föderation Bosnischer Republiken ersetzt wird, muß Jean-Marie Le Pen zutiefst befriedigt haben, dessen Anhänger, dem Zeugnis des Korrespondenten des *National Geographic* zufolge, in Pale regelmäßige Kontakte zu Karadžić unterhalten, und es wird ihn in seiner Vision eines Frankreich ohne Immigranten, eines französischen Frankreich nach dem Vorbild eines reinen Groß-Serbien bestärken.

»Für viele Europäer sind selbst die aufgeschlossensten, liberalsten und laizistischsten Moslems Fundamentalisten.« Der Mann, der diese Worte in seinem Büro im ersten Stock der Medrese Gazi Husrev ausspricht, ist Mustafa Čerić, Rais oder Vorsteher der Imame von Bosnien. Sein langes schwarzes Gewand, der leicht ergraute Bart, der blütenweiße Turban mit einem feinen roten Saum über der Stirn verleihen ihm die würdevolle Ausstrahlung einer Figur auf einem osmanischen Bild, die gerade aus der Leinwand herausgestiegen und plötzlich lebendig geworden ist.

Seit beinahe einer halben Stunde spricht er ohne Dolmetscher in ausgezeichnetem, von arabischen Worten gewürztem Englisch. Ohne daß ich ihn darum gebeten hätte, skizziert er mit großen Pinselstrichen seine Biographie: theologisches und religionswissenschaftliches Studium an der Al Azhar-Universität in Kairo, während der vergangenen zehn Jahre Imam an der Hauptmoschee von Chicago. »Ich bin das einzige Mitglied der moslemischen religiösen Gemeinschaft Bosniens, das gleichzeitig im Nahen Osten und im Westen ausgebildet wurde. Bis zum letzten Jahr glaubte ich fest an die humanistischen Werte Europas: seine demokratischen Ideale, die Erklärung der Menschenrechte, die Glaubensfreiheit in seinen laizistischen Staaten, das heißt: an die edlen, in ihren Verfassungen niedergelegten Gebote. Das bosnische Volk – Moslems ebenso wie viele Kroaten und Serben – glaubte auch daran: Es wollte in einem Staat unterschiedlicher Völker und Religionen leben.

Seit Mai 1992 opfern wir unser Leben für die Prinzipien der Charta der Vereinten Nationen. Und was ist geschehen? Anstatt uns zu helfen, haben die europäischen Regierungen, allen voran England und Frankreich, die Hände in den Schoß gelegt: Sie lassen zu, daß man uns ausrottet, und verweigern uns das Recht auf Selbstverteidigung, zwingen uns ein Embargo auf, das uns angesichts des von Milošević zu seiner persönlichen Verwendung konfiszierten riesigen Arsenals der jugoslawischen Armee wehrlos dastehen läßt. Nach diesem bitteren Trunk kann ich nicht mehr an den europäischen Humanismus glauben. Die Achtung verdienenden Ideen der Erklärung der Menschenrechte sind in Bosnien gestorben. Zigtausende Männer und Frauen, die sie ebenfalls unterstützten, liegen, weil es keinen Platz mehr gibt, übereinandergestapelt auf den Friedhöfen Sarajewos oder überall in Bosnien in Massengräbern. Sagen Sie es nur deutlich: Sie starben, weil sie diese Ideale inmitten der Gleichgültigkeit oder des heuchlerischen Mitleids der europäischen Staatsmänner und Diplomaten verteidigt haben.

Der Westen kann uns in Zukunft keinen Ethikunterricht mehr erteilen: Er hat zugestimmt, daß diejenigen, die das Nazi-Vorbild sklavisch kopieren, ethnische Säuberungen durchführen, systematisch Frauen und Kinder vergewaltigen und ermorden, Konzentrationslager schaffen und unsere Vergangenheit ungestraft in Schutt und Asche legen. Merkt ihr, die ihr stolz darauf seid, den Faschismus besiegt zu haben, denn nicht, daß er wiederauferstanden ist und in eurem eigenen Haus Feuer legt? Seid ihr der Barbarei gegenüber, die Sarajewo zerstört, blind geworden oder taub? Einerseits reden sie davon, daß die, die sich des Verbrechens gegen die Menschlichkeit schuldig gemacht haben, bestraft werden müssen, andererseits führen sie freundschaftliche Dialoge mit ihnen und garantieren deren Eroberungen. Die mit Wehrlosigkeit, Bombenangriffen, Hunger und Blockade der ärztlichen Hilfe Gestraften sind wir, die Opfer. Die ursprüngliche Verantwortung für diese Tragödie tragen Milošević, Karadžić und die Fanatiker eines Groß-Serbien, doch die Verantwortung der Europäischen Gemeinschaft ist nicht minder groß. Ihre Regierungen haben ihre Prinzipien nicht in die Tat umsetzen wollen, sie haben dem Schwachen gegenüber zynisch und voller Verachtung gehandelt.

Darin liegt die Wurzel des Problems. Viele Europäer sind noch immer den Schemata einer historischen Gegnerschaft von Christen und Moslems verhaftet. Die Gespenster der Vergangenheit agieren wie ein Alp-

traum in ihrem Unbewußten. Die Tschetniks nutzen dies aus, schüren atavistische Ängste, wiederbeleben den Geist der Kreuzzüge und erklären sich selbst zu den Vorkämpfern Europas angesichts der ›türkischen Gefahr‹. Dies alles wäre lächerlich, ginge es für uns dabei nicht um Leben oder Tod.

Der Westen glaubt das Monopol der Wahrheit, der rechtschaffenen Moral und des gerechten Handelns zu besitzen, doch seine Politik straft täglich diesen Anspruch Lügen. In Wirklichkeit will er seine politische und wirtschaftliche Vorherrschaft über die islamischen Völker und ganz allgemein über die aufrechterhalten, die Völker der Dritten Welt genannt werden. Er versucht mit allen Mitteln zu verhindern, daß wir uns zusammenschließen. Er will uns glauben machen, daß wir unfähig sind, unsere Probleme ohne seinen Rat und ohne seine Hilfe selbst zu lösen. Er weiß ganz genau, daß er uns technologisch, wirtschaftlich und militärisch überlegen ist, doch er fürchtet unsere geistige Kraft, weil er sie nicht besitzt und sich dessen auch bewußt ist.«

Ich frage ihn nach dem Plan einer ethnischen Teilung, einer Föderation oder Konföderation von Staaten, der von den Unterhändlern der UNO und der Europäischen Gemeinschaft diskutiert wird: »Lord Owen hält weder Wort noch kennt er Schamgefühl. Sein Verhalten uns gegenüber war eine einzige Kette von Täuschungen und nicht eingehaltener Versprechen, denen Drohungen und Erpressungsversuche folgten, um uns dazu zu zwingen, uns der Gewalt zu beugen und das hinzunehmen, was er ›neue Realitäten‹ nennt. Er hat Bosnien nie als einen souveränen Staat angesehen. Er ist das Paradebeispiel für einen Mann ohne Prinzipien, der, unfähig, zwischen Täter und Opfer zu unterscheiden, letzten Endes aktiver Komplize des Täters wird.«

Das Gespräch gerät in persönlichere Bahnen, und wir sprechen über die psychischen Folgen des Terrors und der Belagerung. Ob er glaubt, den Humanismus, den er beschwört, bewahren zu können, ob er glaubt, der Raserei ethnischen Hasses widerstehen zu können?

»Die Lage ist schwierig«, gibt Mustafa Čerič zu. »Die Tschetniks propagieren systematisch die Rassenfeindschaft, sie wollen jedes Fünkchen Merhimet (Barmherzigkeit, Milde oder Frömmigkeit) in unseren Herzen ersticken. Dieses Gefühl, unsere Abscheu davor, ihren Methoden zu folgen, ist aus ihrer Sicht ein Zeichen von Schwäche, von Unterlegenheit. Deshalb müssen wir, ohne dem für immer zu entsagen, hart sein, kräftig sein, verhindern, daß sie uns vernichten oder vertreiben wie die Palästinenser. Sie wollen den Islam auf dem Balkan ausrotten. Für uns ist die Zeit gekommen, überlebte Ideale aufzugeben und die Existenz und den Glauben unserer Gemeinschaft zu retten.«

Am Nachmittag, während ich die Aufzeichnungen des Interviews in mein Notizheft übertrage, nimmt das Feuer der Heckenschützen zu. Susan Sontag ist vor einigen Stunden angekommen, und ich esse mit ihr, David Rieff und der Fotografin Annie Leibovitz im Speisesaal des Hotels zu Abend. Obwohl Montag ist und wir daher nicht das bescheidene Selbstbedienungsbuffet genießen können, »versüßt« ein Pianist den Abend mit hingepfuschten, irgendwie bekannten Melodien.

Das Holiday Inn liegt im Dunkeln: Wir plaudern bei Kerzenlicht. Im Hintergrund lärmen Granaten und Maschinengewehre, das Ambiente ist surrealistisch. Jemand reicht das Bulletin des Instituts für öffentliche Gesundheit herum: Während der vergangenen 36 Stunden haben Artillerie und Gewehrfeuer acht Menschen getötet und 35 verletzt!

Das abendliche Zusammensein dauert länger als gewöhnlich, und als ich, mit meiner Taschenlampe versehen, vom Tisch aufstehe, stelle ich fest, daß der, der uns das »Fest« versüßt hat, sich gesund und munter aus dem Staube gemacht hat.

Niemand hat auf den Pianisten geschossen!

VIII.

Die Schande Europas

POSJETE
Od 12 do 14 h
SA ORUŽIJEM
STROGO
ZABRANJEN
ULAZ U KLINIK

»Schauen wir uns doch einmal den armseligen Eindruck an, den diese Demokratien, die einst der Stolz der Welt waren, von sich vermitteln«, schrieb Antonio Machado, als er 1938 erläuterte, warum er unsere Republik verließ, »sehen wir doch einmal, wieviel aus ihren Botschaftskanzleien herauskommt oder in ihnen zusammengekocht wird, die unfähig sind, irgendein ideelles Prinzip, irgendeine strenge Rechtsnorm ins Feld zu führen – nicht einmal, um formell Würde zu bewahren. Als wären sie von vornherein besiegt oder heimlich an den Feind verkauft, als würden sie ahnen, daß der Schlüssel zur Zukunft nicht mehr in ihren Händen liegt. (...) Schauen wir uns doch einmal ihr erbärmliches Verhalten innerhalb der Gesellschaft der Nationen an, das aus einer Institution edelster Art, die der gesamten Menschheit zur Ehre gereicht hätte, ein überflüssiges, wenn nicht gar jämmerliches Organ macht, was ein köstlicher Witz wäre, würde er nicht mit den tragischsten Augenblicken der Zeitgeschichte zusammenfallen.«

Könnte man sich eine aktuellere, zutreffendere Beschreibung dieses chinesischen Schattentheaters der widersprüchlichen Erklärungen Clintons oder der ewigen Debatten des UN-Sicherheitsrates und der Führer der Europäischen Gemeinschaft vorstellen, die dazu führen sollen, den bosnischen Präsidenten Alija Izetbegović Stück für Stück zu einer bedingungslosen Kapitulation zu bringen, wie einen Stier, der eben noch vom Matador mit einem Degenstich getroffen wurde und den nun die anderen zu Fuß kämpfenden Stierkämpfer geschickt in die Knie zwingen, damit der Matador seine

Arbeit mit einem sauberen, wirksamen Todesstoß beendet? Wir kennen alle die Namen des Matadors und seiner Fußleute, die als Picadores und Banderilleros verkleideten »Unterhändler«, für die es »unpolitisch« wäre, den Angreifer zu strafen, da in Bosnien »alle Sünder sind und keine Seite frei von Schuld ist« (ausgenommen ist selbstverständlich der Chef-Picador, ein Vorbild an Anstand und Rechtschaffenheit, dessen Größe im Laufe der Jahrhunderte nicht verblassen wird!).

Ist die europäische Geschichte der neunziger Jahre einfach nur die mit leichten symphonischen Varianten versehene Wiederholung der Fehler und Verblendung der dreißiger Jahre (Österreich, Äthiopien, Spanien, Tschechoslowakei)? Ein nie endender, matter »Bolero« von Ravel?

Ich stimme mit dem Botschafter Spaniens bei den Vereinten Nationen überein, wenn er (*El Pais*, 3.7.93) einräumt, daß, wenn auch die Serbenführer anfangs die Verantwortung für die Tragödie tragen, die internationale Gemeinschaft sich absolut unfähig erwiesen hat, sie zu verkürzen. Eine überzeugende Reaktion auf das rassistische und expansionistische Programm Miloševićs hätte das beunruhigende Wiederaufleben der Vergangenheit im Keim ersticken können. Seine Absicht, die Jugoslawische Föderation zu zerstören, um sie durch eine andere mit absoluter serbischer Vorherrschaft zu ersetzen, mußte notwendig in Zusammenbruch und allgemeinen Krieg münden. Das Schweigen Europas angesichts der im Kosovo entfesselten brutalen Unterdrückung und der Aufhebung seines autonomen Status war der erste Test, dem Milošević den Egoismus und die Gleichgültigkeit der Regierungen der europäischen Gemeinschaft unterzog.

Nachdem diese erste Prüfung elegant bestanden war, wuchsen sein Appetit und sein Ehrgeiz. Die Umwandlung der Bundesarmee in eine serbo-montenegrinische Armee markiert den Wendepunkt in einem Prozeß, den die Europäische Gemeinschaft noch hätte stoppen können. Alles war vorbereitet und wohlgeplant: Im September 1991 deckte der damalige Premierminister Ante Marković ein Komplott zwischen Milošević und den Befehlshabern der Armee auf, das darauf abzielte, alle in Jugoslawien verstreuten serbischen Völker in einem einzigen, homogenen Staat zusammenzufassen. In einer später in der Zeitung *Vreme* abgegebenen Erklärung verbreitete Marković eine Tonbandaufzeichnung der Gespräche des serbischen Premierministers mit Radovan Karadžić, in dem der Tschetnik-Führer seine Rolle als schlichter Agent des Herrn in Belgrad enthüllte: Die Rollenverteilung zwischen den beiden – wobei er die Rolle des Harten innehatte, jedoch in der Öffentlichkeit den Gemäßigten spielte, ein Spiel, das später zwischen Karadžić und seiner rechten Hand, General Radko Mladić, wiederholt wurde – gehört zu dem damals ausgearbeiteten Drehbuch, und sowohl die Politiker als auch die Beobachter, die ihnen ihre Meinungsverschiedenheiten abnahmen, waren ebenso naiv wie Chamberlain und Lord Runciman, als sie dem Wort Hitlers und des Sudetenführers glaubten. In seiner wandelbaren Doppelpersönlichkeit eines Guten und Bösen behauptet das unerreichte Vorbild von

Dichtern und Psychiatern mit taubensanfter Unschuld, daß sowohl er als auch sein Gevatter Boban bereit seien, den Muslimen angemessenen Raum anzubieten, damit sie dort ihren Staat oder Yamahrea schaffen können. Gleichzeitig bleibt es dem Chef des selbstausgerufenen serbischen Parlaments überlassen – diesmal ganz ernsthaft – zu behaupten: »Sarajewo wird unser sein.«

Nur Lord Owen, Hurd und einige europäische Kollegen scheinen dieses Spiel ernst zu nehmen. Sollte nun dieser den Besiegten versprochene, bezugsfertige besondere Raum mit grünen Gebieten und »an Ressourcen reichen Böden« entsprechend Karadžićs poetischer Ader ein idyllischer Schweizer Kanton sein oder die Palästinisierung, das Ende der bosnischen Muslime, die, gefangen in verstreuten Zonen und von Feinden umringt, als Mittel zum Überleben allein die hätten, die ihnen die knauserige internationale Barmherzigkeit zukommen ließe? Das Gespenst eines Vergleichs mit Lesotho, Swaziland oder, schlimmer noch, mit Gaza zeichnet sich bereits als bedrohliche, finstere Realität ab. Daß ein Fehler nach dem anderen gemacht, ein Kompromiß nach dem anderen eingegangen, daß immer wieder besänftigt wurde, daß den Herren des europäischen Hauses eine gemeinsame Zukunftsvision gefehlt und sie die Vergangenheit vergessen haben, hat zu der mit Blut und Feuer durchgeführten Aufteilung Bosnien-Herzegowinas geführt, zur Zerstückelung und Beseitigung eines souveränen Staates, der geschluckt wird, wie über ein halbes Jahrhundert zuvor Abessinien, Polen, die Mandschurei oder die baltischen Staaten. Über das Fortbestehen einer auf den Ersten Weltkrieg zurückgehenden politisch-militärischen Logik, über die Blindheit der Regierungen von Paris und London in moralischer und strategischer Hinsicht und über ihre Unfähigkeit, die Gefahr eines allgemeinen Krieges auf dem Balkan vorauszusehen, werden die Historiker ihr zu Recht strenges Urteil sprechen. »Wir werden für keine Gebietseroberungen durch Waffen garantieren, noch werden wir die ständige, offensichtliche Verletzung internationaler Sanktionen dulden!« Wie oft haben wir diese hohlen Worte aus dem Munde der Führer und Unterhändler des Westens gehört, angefangen beim allmächtigen Präsidenten Bush bis hin zum letzten Statisten der Schmierenkomödie? Vom Winde verwehte Versprechen, die jene, die sie aussprachen, nicht erröten ließen! Milošević kann stolz auf sein Werk sein: In seinem zynischen, grausamen Pokerspiel hat er seine Gegner immer in Angst versetzt und sie zum Zurückweichen gebracht. »Wir stehen bereits auf der Schwelle der endgültigen Lösung«, erklärte er kürzlich in Genf. »Was noch zu lösen ist, ist eine einfache Mengenfrage.« In Wahrheit ist die Politik des Nichteingreifens in Bosnien – das Waffenembargo gegenüber den »beteiligten Parteien« – das brutalste Beispiel einer Intervention, seit die Regierungen von London und Paris entscheidend zur Erstickung und der Niederlage der Zweiten Spanischen Republik beigetragen haben. In beiden Fällen hat das pharisäische Nichtstun – wer zuschaut, wie jemand erwürgt wird, wie zum Beispiel Sarajewo, ohne diesem Einhalt zu gebieten, begeht der nicht das als Mittäterschaft bezeichnete Delikt? – sich zum Nachteil für jene ausgewirkt, die demokratische und legale Institutionen gegen Verbündete Hitlers und Mussolinis verteidigt haben oder heute gegen diejenigen verteidigen, die die ethnische Säuberung auf ihre Fahnen geschrieben haben.

»Der Aufteilung zuzustimmen ist so, als würdest du jemandem erlauben, in dein Haus zu kommen, mehr als die Hälfte der Zimmer zu besetzen, deine Möbel zu stehlen, deine Töchter zu vergewaltigen und zu ermorden, als würde der dich dann darum bitten, auf der gestrichelten Linie zu unterschreiben«, sagte der bosnische Vizepräsident Eyup Gahić. Heute ist die Zerstükkelung seines Landes aufgrund allein ethnischer Kriterien Wirklichkeit geworden. Die drei Völker, aus denen Bosnien sich zusammensetzte, sind mit Gewalt voneinander getrennt worden, und die Unterhändler von Genf schlagen eine Konföderation der drei Staaten mit »freiem Personen- und Warenverkehr« vor. Doch wem würde es einfallen, in ein Gebiet zurückzukehren, das von denjenigen regiert wird, die sein Haus angesteckt, seine Familie gefoltert und hingerichtet haben? Ein entmilitarisierter Mini-Moslemstaat nach der Vorstellung Lord Owens wäre seinen Feinden ausgeliefert. Ein halbes Jahr nach der Unterzeichnung der Abkommen von München – die von Chamberlain als ein Triumph des Friedens gefeiert wurde – marschierte Hitler in Prag ein. Im Bewußtsein der neuen, grausamen »Realitäten« schlägt der gewählte Präsident Bosniens vor, sein Land unter internationales Protektorat zu stellen. Doch wie soll man an die Gültigkeit eines Kapitulationsabkommens glauben, wenn es kurze Zeit später zu einem weiteren wertlosen Stück Papier wird?

Und was soll mit Sarajewo geschehen? Hier stellt sich die ethnische Säuberung als unmöglich heraus, es sei denn, man führte sie Haus für Haus, Stockwerk für Stockwerk durch. Das Weltbürgertum der Stadt, Ergebnis des Verschmelzens von vier Kulturen, ist eine Realität, die bereits in der Familie verwirklicht wird: Es gibt Zehntausende moslemischer, kroatischer und serbischer Mischehen. Soll die Ehefrau von ihrem Ehemann getrennt werden, sollen Trennungslinien zwischen Stiefgeschwistern, Vettern, Cousinen und Schwagern und Schwägerinnen gezogen werden, und welche Kriterien sollen auf die Kinder angewandt werden? Welches Blut oder Erbgut soll das vorherrschende sein, das der Mutter oder das des Vaters?

Zwei Tage vor meiner Abreise esse ich mit Gervasio Sanchez und Alfonso Armada im Hause einer Freundin von Gervasio, die eine Zeitlang in Madrid gelebt und Familienangehörige in Spanien hat. Wir parken in einem kleinen Hof, in dem eine Gruppe von Männern im Freien plaudert, im trügerischen Schutz des gegenüber am Fluß liegenden Gebäudes: Einige Wochen zuvor hatte dort ein Mörsergeschoß, das über dieses Gebäude hinweggeflogen war, ein anderes Haus zerstört! Die Wohnungsnachbarn kennen Gervasio. Sie sind zumeist Mischfamilien, die durch die grauenhaften Ereignisse eher noch fester zusammengeschmiedet wurden. Eine Familie lädt uns nach dem Essen in ihre Wohnung ein. Die Sonne ist untergegangen, und durch eine Fensteröffnung ohne Rahmen und Scheiben, die direkt auf den Fluß und die Berge der Belagerer geht, fällt Abendlicht in das Zimmer, in das wir uns setzen. Wir nehmen mit einem halben Dutzend Frauen und Männern, die uns herzlich empfangen, auf den Sesseln Platz. Sie können uns nicht einmal, wie es ihrer Tradition der Gastfreundschaft entspricht, ein Glas Wasser anbieten. Seit Monaten schon leben sie so, ohne Strom und Gas, ohne Arbeit und ohne Hoffnung. Sie sparen ihre Kräfte für den täglichen Transport der Wasserkanister und die ungewisse Suche nach etwas Eßbarem. Doch sie lächeln und stellen Fragen, als nähmen die Dinge ihren gewohnten Lauf.

Meine Aufmerksamkeit gilt bald einer alten, sorgfältig gekleideten und frisierten Frau, die trotz ihrer achtzig Jahre jugendlich, gesprächig und heiter ist. Unser Besuch begeistert sie, und sie genießt die Gelegenheit, mit Ausländern zu sprechen, wie ein Aschenputtel, das seinen Prinzen gefunden hat. Sie erzählt uns von ihrer ungarischen, slowakischen und österreichischen Herkunft, von ihrer Geburt in einer fernen Eisenbahnstation im Zentrum Bosniens. »Deshalb habe ich immer davon geträumt, zu reisen«, sagt sie. »Doch mein Herz hat Sarajewo nie verlassen.« Jetzt hat sie eine Enkelin in Polen, und obwohl sie nicht mit ihr korrespondieren kann, weil die Post nicht funktioniert, schreibt sie Gedichte für sie. »Gedichte?« – »Ja«, antworten voller Stolz und Zärtlichkeit ihre Verwandten und Nachbarn. »Wir würden uns freuen, wenn Sie sie uns vorlesen würden.« Die alte Dame hat vergessen, wohin sie die Verse gelegt hat, doch sie kann sie, wie sie hinzufügt, auswendig. Sie läßt sich, eine reizende Mischung aus Naivität, Pfiffigkeit und Koketterie, ein paarmal bitten. Es ist dunkel geworden, und jemand zündet die Kerze im Leuchter an. Die Augen der alten Frau sind, während sie die an ihre Enkelin gerichteten Gedichte aufsagt, wie ein stilles, sanftes Gewässer. Die Dolmetscherin übersetzt, so gut sie kann: Die Verse sagen, sie möge leben, lieben und alles wahrnehmen, was ihr das Leben bietet, jedoch Sarajewo niemals vergessen. »Seit wann schreiben Sie?« fragen wir, als sie geendet hat. »Oh, seit langem schon!« lächelt sie spitzbübisch. »Es sind Visionen und Bilder der Stadt.« – »Nur über Sarajewo?« – »Ich habe auch Gedichte über Split geschrieben. Einige Impressionen über Split.« Sie rezitiert sie uns diesmal, ohne daß wir sie gebeten hätten, mit sanfter, sehnsüchtiger Stimme: Sie erzählen von der Luft, dem Meer, der Sonne, der Dämmerung, dem Mond, den Inseln. »Aber ich mag die Gedichte über Sarajewo lieber.« »Haben Sie auch etwas über den Krieg geschrieben?« – »Nein, ich habe nie über Politik gesprochen, sondern nur über Liebe und Gefühle. Ich möchte, daß meine Enkelin mich und die Stadt in Erinnerung behält, obwohl sie uns nicht wiedersehen kann.«

Wir steigen die Treppe im Licht eines Feuerzeuges hinunter, und nachdem wir uns von der Versammlung von Schatten verabschiedet haben, die noch im Hof verweilt, kehren wir über den Marschall-Tito-Boulevard ins Hotel zurück. Die Stadt ist menschenleer, es gibt weder Fußgänger noch Verkehr. Doch da ist ein Mann, der ein Wägelchen voller Kanister schiebt, ein weiterer, der die Fahrbahn wie ein Verrückter überquert, als sei er auf der Flucht vor imaginären Granaten oder vielleicht vor sich selbst. Die Scheinwerfer der Autos sind gefährlich, da sie den Heckenschützen ein leichtes Ziel bieten, und so muß man in den letzten, ungewissen Tagesstunden schnell und ohne Licht fahren.

Sarajewo ist ein nächtlicher Friedhof, doch das immer wieder aufflackernde Trommelfeuer der Geschütze stört dessen Frieden.

IX.

Abschied von Sarajewo

redit
ZA
ZA

Am Vortage meiner Abreise frühstücke ich mit Susan Sontag, bevor ich sie zum kleinen Kammertheater begleite, wo sie im Lichte einiger Kandelaber mit den Proben zu ihrer Inszenierung von *Warten auf Godot* beginnen wird.

Gleich nach meiner Ankunft in Sarajewo, dem belagerten, zu einem Konzentrationslager mit unsichtbarem Stacheldraht gewordenen Sarajewo, drängt sich der Vergleich mit dem Spanischen Bürgerkrieg und der Belagerung und Bombardierung Madrids wie eine Wirklichkeit auf, vor der man die Augen nicht verschließen kann. Ja, dort sind sie, im Schutze der Berge, der Gebäude und nahen Hügel, »die Feiglinge, die Mörder, die getreuen Knechte, die blinden Werkzeuge der finstersten Gespenster der Geschichte, die Techniker des Krieges, die abgerichteten Henker der menschlichen Gattung«, von denen der Autor von *Juan de Mairena* spricht. Doch wie kann man sich den Abgrund erklären, der sich zwischen dem Aufschrei des Weltgewissens im Jahre 1936, dem Aufruf, trotz aller Exzesse und Fehler für eine gerechte Sache zu kämpfen, und der heutigen Apathie der Intellektuellen und Künstler – ausgenommen eine hellsichtige Minderheit – auftut, angesichts der Aggression, des Terrors und der Blutbäder der Musterschüler eines Goebbels und eines Millán Astray?

Wo sind die Hemingway, Dos Passos, Koestler, Simone Weil, Auden, Spender, Paz, die nicht zögerten, sich zu engagieren oder an der Seite des angegriffenen, wehrlosen Volkes sogar zu kämpfen wie Malraux und Orwell? Susan Sontags und meine Versuche, berühmte

Autoren nach Sarajewo zu rufen, waren ein Reinfall. Die durch den Zusammenbruch des real existierenden Sozialismus hervorgerufene ideologische Verunsicherung, die Beharrlichkeit der strategischen Logik und der sie widerspiegelnden, durch den kalten Krieg geschaffenen Bewegungen erklären dieses Phänomen nur teilweise.

Von Unkenntnis kann nicht die Rede sein: Die nach Sarajewo und an die Kriegsfronten entsandten Korrespondenten und Fotografen haben im allgemeinen mit vorbildlichem Mut und Integrität Informationen verbreitet. Dennoch vegetiert die öffentliche Meinung in einer Art resigniertem Stupor dahin. Ist dies, fragen wir uns, eine Folge des aus den vielen ethnischen Kämpfen und unlösbaren Kriegen in Asien, Afrika und den Randstaaten der verstorbenen UdSSR erwachsenen Überdrusses? Liegt es daran, daß der gewählte bosnische Präsident die Vereinigten Staaten und die Europäische Gemeinschaft erfolglos um Hilfe gebeten hat, was viele zu Hause sitzende Intellektuelle, die gewohnt sind, zwischen den Guten und den Bösen klar zu unterscheiden, dazu gebracht hat, ihm zu mißtrauen und Milošević zu bewundern, der den arroganten, unfähigen Mächten, die heute den Planeten beherrschen, kühn die Stirn bietet? Haben das Gestikulieren des Sicherheitsrates und die Beschlüsse, humanitäre Hilfe zu leisten, die meisten davon überzeugt, daß unsere Regierungen im »balkanischen Wespennest« getan haben, was sie konnten? Und ist eine einfache, unüberwindliche Abneigung gegen den Islam der Grund? Was soll man von den Intellektuellen halten, die, die Lehre von Auschwitz vergessend, wie Elie Wiesel in das terrorisierte, hungerleidende Ghetto gehen, um dort »beiden Parteien Mäßigung« zu predigen, die Engeln anstehen würde? Eher dünn gesät sind jene aus der Mode gekommenen Linken und unverbesserlichen Kosmopoliten, die, wie Michel Faber, der Direktor der New Yorker Zeitschrift *Zone*, sagt, begreifen können, daß »die Verteidigung Sarajewos und des multikulturellen Staates nicht nur einer moralischen Verpflichtung und einer grundlegenden politischen Reflexion« gehorcht, sondern auch der egoistischen Einsicht des »intellektuellen Überlebens«.

Wie in unserem Bürgerkrieg hat die Seite der Sieger ebenfalls ihre Sprecher gefunden: Die pittoresken britischen Hispanisten, die die Berichterstattung über die Siege Francos mit den Heldentaten des Cid Campeador verwechselten, haben einen sehr viel finstereren Nacheiferer gefunden. Der russische Ex-Dissident Edvard Limonov, dem Gedankengut Le Pens nahestehend und Anhänger des National-Kommunismus, machte sich, nachdem er über das »außerordentliche Machtgefühl, das einen erfüllt, wenn man ein schweres Maschinengewehr in Händen hält«, in Verzückung geriet, in einer üblen in Frankreich erschienenen Reportage die Worte eines der Belagerer Sarajewos zu eigen: »Wir sind im Dritten Weltkrieg, dem Kampf zwischen Christentum und dem Islam.«

Die bosnischen Intellektuellen, die, allen Widrigkeiten und Gefahren trotzend, in Sarajewo bleiben, fragen ihresgleichen immer wieder: »Warum so viel Feigheit und Schweigen?« Um Senada Kreso, die Vize-Informationsministerin des gewählten bosnischen Präsidenten, versammelt, beschwören sie die heitere, selbstzufriedene Stadt der Filme von Kosturica, der avantgardistischen Musik und des avantgardistischen Films, einer Kunst und Literatur, die das Leuchtfeuer des jugoslawischen intellektuellen Lebens war. Ihre Welt brach im April 1992 jäh zusammen, zwei Monate nach dem Triumph bei der Volksabstimmung über die Unabhängigkeit Bosniens, die von den serbischen Ultranationalisten boykottiert wurde.

»Wer die ersten Kanonenschüsse gehört hat, die von den faschistischen, in Casa de Campo aufgestellten Geschützen auf Madrid abgefeuert wurden, wird für immer eines der unerträglichsten, beklemmendsten Gefühle (...) im Gedächtnis bewahren, die ein Mensch in seinem Leben haben kann. Dort war der Krieg, der uns rechthaberisch und unmenschlich überfiel, ein geistloser Krieg aus Bosheit und Rachsucht, der mit seinen blinden, zerstörerischen Kriegsmaschinen den Tod kalt und systematisch über die beinahe wehrlose Stadt auskotzt, die all ihrer Kampfesmittel schändlich beraubt ist«, hatte ich Tage zuvor in dem Band der *Werke* Machados gelesen, der mich auf der Reise begleitet hat, und ich durchlebe die Gefühle des von unseren heutigen politischen Machthabern kanonisierten Dichters noch einmal. Wie so häufig in dieser Welt zitieren sie ihn, ohne auf ihn zu hören!

Ein unbestimmtes Gefühl des Unbehagens überkommt ganz allmählich den Besucher, wenn der Tag des Abschieds näherrückt. Was wird aus den Frauen und Männern, mit denen ich nur kurz, jedoch mit nie zuvor erfahrener Intensität zusammengelebt habe? Welche Zukunft erwartet sie, die in der Mausefalle sitzen?

Während eines Abendessens im Hotel mit einem der Verantwortlichen für die humanitäre Hilfe, der gute Verbindungen zu den Schaltstellen der politischen Entscheidungen in Washington und Brüssel hat, stellte ich zwei Fragen: »Kann Sarajewo noch einen Winter überstehen?« Seine Antwort ist schneidend: »Nein!« – »Was werden die UN und die Europäische Gemeinschaft tun, wenn die Tschetniks die letzten Bastionen auf den Bergen besetzen und die unsicheren Waffenlieferungen an die Belagerten abschneiden und die Stadt mit einem letzten, grausamen Bombenangriff überziehen?« – »Gar nichts, außer der einen oder anderen Strafaktion aus der Luft. Am Boden wird sich nichts ändern. Lord Owen wird die Zweiteilung des Landes in Genf aushandeln und den Serben den Löwenanteil geben.«

Wie sagt man einem geliebten Wesen, das eine Reihe klinischer Untersuchungen hinter sich hat, daß es Krebs hat und die Ärzte ihm keine Hoffnung auf ein Weiterleben mehr geben? Auf der Flucht vor diesem überwältigenden Gefühl der Ohnmacht verbringe ich die letzten Nachmittagsstunden, indem ich mit Alma die schönsten Teile der Stadt besuche. Der Tag ist sonnig und warm, Kinder spielen auf der Straße oder baden im Fluß, die Heckenschützen schießen nicht, und Sarajewo scheint in einem illusorischen Frieden wieder zu Kräften zu kommen.

Ich versuche mit habsüchtigem Nachdruck die schönsten Erinnerungen meines kurzen und zugleich

sehr langen Aufenthaltes zu horten: die täglichen Pausen in der Morica Han, einer alten Karawanserei in der Baščaršija, die die Bombenangriffe wie durch ein Wunder unversehrt überstanden hat; die Tees, die ich im Café an der Sheher-Brücke vor dem Pfosten mit der Warnung »PAZI SNAIPER« getrunken habe, wo eine Frau Alma fragte, ob ich aus Paris sei, und mit zittrigen Fingern die Telefonnummer ihrer Tochter in mein Büchlein schrieb: »Sagen Sie ihr nur, es geht mir gut!«; der unvergeßliche Blick auf den osmanischen Friedhof von Alifakovać mit seinen weißen Grabsteinen, die in einen Turban auslaufenden Gedenksteine und Mausoleen wie kleine Tempel mit ihren sechseckigen Dächern, gekrönt vom vergoldeten Yamur, der Kugel und dem Halbmond; das beinahe magische Auftauchen einer Frau mit zwei Kanisterbündeln an der Hintertür des Theaters, in dem Susan Sontag gerade ihre Proben beginnen wollte, einer geschminkten Frau in einem fröhlichen Blumenkleid, die mich direkt auf französisch ansprach und die Höflichkeit und Bildung der Pariser lobte, obwohl sie sie nur vom Hörensagen kannte.

Ich lasse auch im Eiltempo die Dinge an mir vorüberziehen, die Teil meines täglichen Lernens waren. Die Besorgnis und das schlechte Gewissen beim Anblick der erschöpften Frauen und Männer, die den Winter ohne ein entschiedenes humanitäres Eingreifen der internationalen Völkergemeinschaft nicht überleben können. Der wachsende Haß auf die kugelsichere Weste, die man anziehen muß, wenn man die Flugzeuge der Unprofor besteigt, die mich privilegiert und von den anderen Belagerten unterscheidet. Das Bewußtsein, wie seicht mein Vorschlag an den Dichter Abdullah Sidran war – wie werde ich je sein energisches Gesicht, den gestutzten Bart, die zerschlissenen, geflickten Jeans vergessen können? –, eine Anthologie bosnischer Literatur zusammenzustellen. Seine Antwort machte es mir deutlich: »Das einzige, was man heute in Sarajewo schreiben kann, ist eine Chronik des Todes.«

Als es soweit ist, holen mich Alfonso und Gervasio im Hotel ab, wir fahren schnell über den »Boulevard der Heckenschützen«, durchlaufen das Kontrollabyrinth der Unprofor, ich unterzeichne das Dokument, das die Schutztruppen von jeder Haftung für den Transport entbindet, verabschiede mich, bereits auf den Schützenpanzer geklettert, von ihnen.

Dann die Rückfahrt zum Flughafen mit französischen Soldaten, die verwickelten Wege bis zur Rollbahn, wo die Hercules-Maschine der Luftbrücke wartet. Der Portier des Holiday Inn hat mir ein Päckchen mit Briefen anvertraut, die ich frankieren und in Paris in einen Briefkasten werfen soll. Aus Erfahrung mit der Belagerung habe ich es in den Falten einer Plastiktüte versteckt. Weil er weniger vorsichtig war als ich, muß der nordamerikanische Journalist, der mit mir das Flugzeug besteigt, heftig mit dem Unteroffizier am Kontrollpunkt diskutieren, der angesichts seiner Post, die meiner an Umfang gleicht, behauptet, er habe nur das Recht, fünf Briefe mit hinauszunehmen. Eine erstaunliche Offenbarung: Beteiligt sich die Unprofor an der Belagerung Sarajewos? Minuten später habe ich die Mausefalle verlassen: Das Flugzeug hebt ab nach Split.

Wie soll ich die Gefühle und Regungen zusammenfassen, die die Stadt hervorgerufen hat? Das Leben bekommt in ihr einen rasend schnellen Rhythmus und eine schwindelerregende Intensität: Stunden sind wie Tage, Tage wie Wochen, Wochen wie Monate. Kürzlich geschlossene Freundschaften werden zu alten, tiefen Freundschaften. Aufrichtigkeit und Wahrheitsliebe werden unverzichtbar. Das moralische Empfinden wird geläutert und verbessert. Schnell auf den Misthaufen der Geschichte geworfene, ausgeschlachtete Begriffe leben kräftig und üppig wieder auf: das Engagement als etwas dringend Notwendiges, Solidarität als etwas Unabdingbares. Dinge, die vorher wichtig waren, werden klein und verlieren an Bedeutung, während andere, die gering erschienen, unvermittelt groß werden und sich als machtvolle Wahrheiten aufdrängen.

Der direkte Kontakt mit der Brutalität und der Feigheit der Paladine der ethnischen Säuberung und die Unerschrockenheit der Frauen und Männer, die, den Kugeln der Heckenschützen und den Granaten der Tschetniks trotzend, Wasser holen und dabei nur mit ihrem Glauben und ihrem Lebenswillen bewaffnet sind, schaffen Erlebnisse und Bilder, die im Gedächtnis nicht verlöschen werden.

Diese entscheidenden Stunden zu erleben ist ein schreckliches Privileg. Die Journalisten und Mitglieder der humanitären Organisationen können dies bezeugen: Die Tragödie Bosniens ist ein einzigartiger Weg, um die Möglichkeiten der leuchtenden und schändlichsten Seiten der menschlichen Gattung kennenzulernen. Alle haben dort einige in unseren Gesellschaften vermoderte, vergessene Werte wiederentdeckt, erlebt, daß sie gelten und manchmal in kürzester Zeit Unerbittlichkeit und Authentizität erhalten.

Niemand kehrt aus einem Abstieg in die Hölle von Sarajewo unversehrt zurück. Die Tragödie der Stadt verwandelt das Herz und vielleicht auch den ganzen Körper dessen, der sie erlebt, in eine Bombe, die bereit ist, in den moralischen Sicherheitszonen der direkt oder indirekt Schuldigen dort zu explodieren, wo sie den größten Schaden anrichten kann.

Krieg und Frieden
im Suhrkamp Taschenbuch Verlag

Atomkriegsfolgen. Der Bericht des ›Office of Technology Assessment‹. Mit einem Vorwort von Dieter S. Lutz. es 1296

Ernst Bloch: Kampf, nicht Krieg. Politische Schriften 1917-1919. Herausgegeben von Martin Korol. es 1167

Norbert Elias: Humana conditio. Beobachtungen zur Entwicklung der Menschheit am 40. Jahrestag eines Kriegsendes (8. Mai 1985). es 1384

Friedensanalysen Bd. 1. Schwerpunkt: Feindbilder. es 784

Friedensanalysen Bd. 2. Schwerpunkt: Rüstung. es 834

Friedensanalysen Bd. 3. Schwerpunkt: Unterentwicklung. es 847

Friedensanalysen Bd. 4. Schwerpunkt: Friedensbewegung. es 871

Friedensanalysen Bd. 5. Schwerpunkt: Aggression. es 891

Friedensanalysen Bd. 7. Sonderband: Jungsozialisten und Jungdemokraten zur Friedens- und Sicherheitspolitik. es 955

Friedensanalysen Bd. 8. Schwerpunkt: Kriege und Bürgerkriege der Gegenwart. es 958

Friedensanalysen Bd. 9. Schwerpunkt: Entspannungspolitik. es 755

Friedensanalysen Bd. 10. Schwerpunkt: Bildungsarbeit. es 748

Friedensanalysen Bd. 11. Schwerpunkt: Kampf um die Weltmeere. es 855

Friedensanalysen Bd. 12. Der gerechte Krieg: Christentum, Islam, Marxismus. es 1017

Friedensanalysen Bd. 13. Das kontrollierte Chaos: Die Krise der Abrüstung. es 1031

Friedensanalysen Bd. 14. Unsere Bundeswehr? Zum 25jährigen Bestehen einer umstrittenen Institution. es 1056

Friedensanalysen Bd. 15. Hilfe + Handel = Frieden? Die Bundesrepublik in der Dritten Welt. es 1097

Friedensanalysen Bd. 16. Die neue Friedensbewegung. Analysen der Friedensforschung. es 1143

Friedensanalysen Bd. 17. Faszination der Gewalt. Politische Strategie und Alltagserfahrung. es 1141

Friedensanalysen Bd. 18. Medienmacht im Nord-Süd-Konflikt: Die Neue Internationale Informationsordnung. es 1166

Friedensanalysen Bd. 19. Vom Krieg der Erwachsenen gegen die Kinder. Möglichkeiten der Friedenserziehung. es 1190

Friedensanalysen Bd. 20. Rüstung und soziale Sicherheit. es 1196

Friedensanalysen Bd. 21. Kriegsursachen. es 1238

Friedensanalysen Bd. 22. Militärregime und Entwicklungspolitik. es 1314

107/1/11.92

Krieg und Frieden im Suhrkamp Taschenbuch Verlag

Friedensanalysen Bd. 23. Lehren aus der Geschichte? Historische Friedensforschung. es 1355

Friedensanalysen Bd. 24. Die vergessene Dimension internationaler Konflikte: Subjektivität. Redaktion: Reiner Steinweg und Christian Wellmann. es 1617

Friedensanalysen Bd. 25. Von der Kritik zur Friedensforschung. Redaktion: Berthold Meyer. es 1770

Friedensanalysen Bd. 26. Deutschlands Einheit und Europas Zukunft. Redaktion: Bruno Schoch. es 1783

Friedensanalysen Bd. 27. Umweltzerstörung als Kriegsfolge und Kriegsursache. Redaktion: Berthold Meyer. es 1774

Friedensutopien. Herausgegeben und eingeleitet von Zwi Batscha und Richard Saage. stw 267

Michael Geyer: Deutsche Rüstungspolitik 1860-1980. NHB. es 1246

Karl Held / Theo Ebel: Krieg und Frieden. Politische Ökonomie des Weltfriedens. es 1149

Karl Holl: Pazifismus in Deutschland. NHB. es 1533

Alexander Kluge: Schlachtbeschreibung. Roman. es 1193

György Konrád: Antipolitik. Mitteleuropäische Meditationen. Aus dem Ungarischen von Hans-Henning Paetzke. es 1293

– Stimmungsbericht. Aus dem Ungarischen von Hans-Henning Paetzke. es 1394

Ekkehart Krippendorff: Staat und Krieg. Die historische Logik politischer Vernunft. es 1305

Kritische Friedenserziehung. Mit Beiträgen von Christoph Wulf, Johan Galtung u.a. es 661

Die militärische Eroberung des Weltraums. 2 Bände. Herausgegeben von Bernd W. Kubbig. es 1510

Hans Dieter Müller: Der Kopf in der Schlinge. Entscheidungen im Vorkrieg. Mit einem Nachwort von Alexander Kluge. es 1289

Dieter Senghaas: Europa 2000. Ein Friedensplan. es 1632

– Friedensprojekt: Europa. es 1717

– Konfliktformationen im internationalen System. es 1509

– Rüstung und Militarismus. es 498

– Die Zukunft Europas. Probleme der Friedensgestaltung. es 1339

Dolf Sternberger: Die Politik und der Friede. st 1237

Taktische Kernwaffen. Die fragmentierte Abschreckung. Herausgegeben von Philippe Blanchard, Reinhart Koselleck und Ludwig Streit. es 1195

107/2/11.92